批判にキレる、詭弁を弄する——
アメリカ大統領にそっくりな総理を
これ以上暴走させないために

北海道から
トランプ的 安倍〈強権〉政治に
NOと言う

徳永エリ（民進党参議院議員）　紙智子（共産党参議院議員）　福島みずほ（社民党参議院議員）

親子で憲法を学ぶ札幌の会◆編

寿郎社ブックレット2

目次

市民と野党の力で暴走政治に立ち向かおう

……共産党参議院議員　紙　智子

暮らしの中から憲法をもう一度見直そう

……社民党参議院議員　**福島みずほ**

はじめに

「お任せ」ではだめなんだ！

「親子で憲法を学ぶ札幌の会」では二〇一六年九月から一一月までの毎月一回、民進党、共産党、社民党の現職国会議員の皆さんと、憲法を中心に北海道、沖縄、そして全国で抱えるたくさんの問題を学ぼうと、「おんな、こどもが抑止力―私たちが平和憲法を守り育てる」というタイトルの三回連続の講座を開きました。本書はその三回の講座をまとめたものです。

日本国民、有権者である私たちは、特定秘密保護法や安全保障関連法、そして環太平洋連携協定（ＴＰＰ）の強行採決を許してしまいました。改憲という言葉もよく聞かれるようになりました。ただでさえ女性の声が政治に届きにくいというのに、子どもたちが生きる未来が危うくなっていくように感じて、私はとても不安でした。自分と同じ親という立場にある周囲の女性たちは、今何を感じているのだろう。彼女たちと、改めて現在の政治状況やそれに対する私たちの声のあげ方を学んでみたいと思いました。

そして今回、数少ない女性の国会議員のうち、政党の異なる「闘う」「抗《あらが》う」三名の方たちから話を聞く機会を作ることができました。私の友人も含め、会場へ足を運んでくれた方々から「おもしろかった！」「すごくわかりやすかった！」という意見を後日聞くことができました。

この講座でわかったことが二つあります。彼女たちが闘ってくれているから、抗ってくれているから、しっかり意見してくれているからといって、「お任せします！」という態度でいてはいけないのだな、ということ。そして、もしも、どんなに恐ろしいことを「権力側」が決めようとしても、私たちには「憲法」があるのだ！　ということでした。

周りにいる元気な女性たちは、嘆き、怒り、憤り、ぐったりしながらも、またおいしいものを食べてはおしゃれを楽しみ、おしゃべりしながら「さ、またがんばろう！」と立ち上がり、朗らかに笑いながら前へ進むことができる。切り替えが早いなあと感心する場面も多々ありました。なにが起きても立ち上がる親たちの姿を子どもたちはよく見ています。

一人ひとりが考え、決めて、行動できるといいなと思います。来てくれてありがとうで終わらせず、聞いたよね、知ったよね、さらにがんばろう！　笑いながら朗らかに、「ＮＯ！」を「ＹＥＳ！」に変えられるのも私たち。全く反対の意見を持つ人たちともちゃんと対話して、ゆっくり民主的にいろいろなことを進めていける世界をつくっていきたいのです。

「親子で憲法を学ぶ札幌の会」共同代表　安齋由希子

安倍政権下での憲法改悪をみんなの力で止めよう

民進党参議院議員
徳永エリ

歴史に名を刻みたい安倍総理

安倍総理の政治信条の大きな柱が憲法改正です。祖父の岸信介がなし得なかった憲法改正を自らの任期中に行い、「改憲を成し遂げた首相」として歴史に名を刻みたい、残したいという強い思いが安倍総理の中にあります。ですから九月からの臨時国会で、憲法改正に向かって大きな動きが起こってくるということは否めないと考えています。

ただ、自民党が二〇一二年（平成二四年）に発表した憲法改正草案の内容については、私はあまり取り上げないほうがいい、取り合わないほうがいいと思っています。それは逆に改正を進めようとする自民党の土俵の上に乗ることになるからです。憲法改正というのはそんなに簡単なことではないと思うのです。

憲法改正についてはは国会の中でもしっかり議論していかなければなりませんが、国会で発議しても何より国民投票があります。投票する国民の半数以上が賛成しなければ憲法改正はできないのです。

ましてや一つひとつの条文について国民投票をしていくわけですから、自民党の憲法改正草案がそのまま新しい憲法になるということは不可能というか、ゼロに近い。もちろん自民党の憲法改正草案が、自民党の目指す理想的な憲法だということなのでしょうから、何を考えているかを私たちが知る上で、その内容を読み込んでいろいろと考えていくことも大事だと思います。でもあくまで相手の考えを知るためであって、改正草案に書かれている内容そのものには、改正論議を進める上ではこだわらないほうがいいと思います。

憲法は国民に浸透しているか

昨年（二〇一五年）の一一月三日、ある集まりであいさつをしなければいけなかったのでどんな内容でお話ししようかと思いながら、その朝ちょっとテレビを見ていました。そのテレビ番組の街頭インタビューでリ

ポーターが、「今日、一一月三日は何の日ですか」と聞いたら「文化の日」と答える人はいたのですが、「ほかには」と聞かれると「ええっ、分かりません」という人がほとんどだったのです。

リポーターが「実は日本国憲法が公布された日なんですよ」と言ったら「はあ、知らなかった」という人ばかりでした。そして「憲法は誰のためにあるのですか」と年配の人にインタビューしたら、「誰のため……考えたことないです。総理大臣のためですか、天皇陛下？」などと言って、憲法が誰のためにあるのか答えられない。憲法の三原則である平和主義、国民主権主義、基本的人権の尊重についてもなかなか答えることができないという感じです。

私も成人になる息子に「憲法の三原則は何だか分かる？」と聞いてみましたが、出てこないのです。本当は当たり前のようにすらっと出てきてほしいのですが、憲法のそもそものところが分かっていない状況なのです。憲法の基本中の基本のところから私たちはいろいろな場所に行って勉強会を開いたり、街頭に立って訴えたりしていかなければいけないと思っています。ですからもう一度、原点に立ち返って多くの国民の皆さんに憲法のことを理解してもらう活動を地道に続けています。

七月一〇日の参議院選挙では皆さんからご支持をいただき、再選させていただきました。選挙戦の中では「安倍政権下で憲法改正はさせない」ことを、強く訴えてきました。けれども個別に有権者の皆さんとお話をすると、多くの方々は「憲法なんかどうでもいい」「憲法が変わろうが変わるまいが、私たちの生活は変わらない」「それよりも今日明日をどうやって生きていくかが重要なのだ」「老後も安心して生きていけるかが心配なんだ」「憲法、憲法と言われても難しいし、何だか分からない」と。特にご高齢の方々から、そう言われました。

本来であれば憲法改正を絶対に阻止しなければいけないと、先頭に立って声を上げていただかなければならない年齢の方々からそういう声が出てくる状況を考えると、これは相当大変だな、しっかりと私たちの考えを伝えていかないといけないと改めて実感しました。

日本国憲法は押し付けではない

そのような状況の中で、憲法改正をしたいと安倍総理は前のめりになっていますが、改正について本人は今までどのようなことを言ってきたのでしょうか。まず戦争放棄をうたった九条の改正に関してですが、安倍さんが初当選したのは一九九三年（平成五年）、自民党が野党時代の細川連立政権の時でした。その年一〇月の外務委員会で安倍さんは「何によってわが国の安全保障が保たれてきたか、まさに現実をしっかりと踏まえて議論を重ねることが大事だ」と発言しているのです。日米安全保障条約に基づく日米同盟を念頭に置いた発言で、九条改正への意欲を示しています。

第一次安倍政権は二〇〇六年（平成一八年）九月に発足しましたが、総理になる直前の官房長官だった七月に出版した『美しい国へ』（文春新書）でも、現行憲法を否定し改憲の必要性を説いています。「日本国憲法には連合国に対する詫び証文や妙にへりくだったいじましい文言がある。専門家でない連合国軍総司令部（GHQ）の素人が一〇日間そこそこで書き上げたのが今の憲法だ」との趣旨で筆を進めています。インターネット上の番組でも同じような発言を繰り返しています。

安倍総理を支持する、いわゆるネット右翼という方々の論調を見てみますと、この発言が相当影響していて、「GHQがつくったのだ」「素人がつくったのだ」「アメリカに押し付けられたのだ」「だから憲法を変えなければいけないのだ」となるのです。

憲法が成立した歴史的な背景をほとんど知らない、理解していないのに、安倍総理の発言に洗脳されてしまっているのです。GHQは日本国憲法草案を起草するに当たり、日本の政治や憲法の学者、研究家が集まった憲法制定研究団体である「憲法研究会」が発表した憲法草案要綱も手本にして素案をつくりました。また一九四五年（昭和二〇年）一二月には衆議院議員選挙法も改正されて、婦人参政権が認められました。翌年四月にはこの改正選挙法に基づいて戦後初めての総選挙が行われ、六月の帝国議会で新憲法が審議されたのです。日本の婦人たちが初めて一票を投じた選挙で当選した議員たちの国会で可決したのが今の日本国憲法なのです。

ですから一方的に押し付けられた憲法ではありませんし、時の総理・幣原《しではら》喜重郎さんが軍部の力をもう一度強くするようなことはあってはならない、また国際社会において日本が軍事的脅威になってはならないと考え、九条の「戦争の放棄」をしっかりと盛り込んだのです。

憲法を否定する安倍総理

安倍総理は「現憲法の前文は敗戦国としての連合国に対する詫び証文でしかない。こんないじましい文章を六四年間もよく大切に拝んできましたね」とも、二〇一一年(平成二三年)九月のBS番組で発言しています。また「自衛隊という実力組織を保持していることを、憲法の中に明示的に書く必要がある。九条二項は全面的に削除し、改正するべきだ」とも言っています。これは自衛隊を国防軍にすべきだと言っているのも同然です。自民党の改正草案でもはっきりと国防軍を置くよう明記しています。

そもそもなぜ「戦争放棄」をうたった日本国憲法が制定されたのか。七一年前の一九四五年(昭和二〇年)八月六日に広島に原爆が投下され、三日後には長崎にも落とされました。広島ではその年に亡くなった市民は一四万人と言われていますし、長崎でも七万人以上の市民が亡くなっています。戦闘員でない普通の市民が一瞬にして命を落とし、生き残った方の多くも被爆による放射能の影響で長い間苦しんできたわけです。

「戦争で得るものは何もない」「こんな苦しい思いは二度としたくない」。そういう当たり前の国民感情の中から日本国憲法が誕生したのです。ですから戦争を放棄した九条をしっかり守っていくということは、私たちが引き継いでいく責任があり大切なことなのです。

湾岸戦争で一兆円を拠出した日本

東西の冷戦は一九八九年(平成元年)に終わりました。イラク戦争をしたブッシュ大統領のお父さんで湾岸戦争をしたブッシュ大統領とソビエト連邦最高会議議長で同連邦共産党のゴルバチョフ書記長の東西両首脳が、その年の一二月に地中海のマルタ島で会談し、「東西冷戦の終結と新時代の到来」を宣言し、冷戦は終わったのです。戦後四〇年間にらみ合いを続けてきた資本主義のアメリカと共産主義のソビエトの関係が大きく改善されました。冷戦の象徴だったベルリンの壁も崩壊し、九〇年には東西ドイツが統一されました。

その直後の一九九一年（平成三年）、フセイン大統領のイラクが隣国クウェートに侵攻したため、国連安全保障理事会が多国籍軍を派遣して、イラクの空爆を決めました。これがパパ・ブッシュの時に起きた湾岸戦争です。その時、日本は多国籍軍には加わりませんでした。憲法で集団的自衛権の行使は認められていませんから、軍に参加してほしいと言われても憲法上できませんでした。その代わり日本は、この湾岸戦争で一兆円以上の巨額の戦費を拠出したのです。

一兆円以上もの戦費を拠出したにもかかわらず、当時の日本政府は「国際社会から全く評価されなかった」と考えたのです。日本は憲法で集団的自衛権の行使を認めていないのですから、どんなに外国から要請されても海外で武力を使うことは無理なのです。

そういう状況で一兆円もの国民の税金を戦費として拠出したのですから、私は評価されてしかるべきだと思っています。しかし政府は湾岸戦争後、海上自衛隊の掃海部隊をペルシャ湾に派遣し、自衛隊の初の海外任務を実現させたのです。

武力に求める積極的平和主義

湾岸戦争で戦費拠出が海外から評価されなかったと判断した政府は、一九九二年に国際平和協力法（ＰＫＯ法）を成立させて、その年の九月からカンボジアに自衛隊を派兵し、海外で自衛隊が活動できる道を開いたのです。こうした一つひとつの積み重ねを経て、国際協調主義から安倍総理がよく口にする積極的平和主義へと流れていくのです。

本来の積極的平和とは医療や教育などの分野で援助し、武力紛争のもとになるような貧困や格差などの構造的な暴力をなくして平和な社会を築いていこうという考え方なのです。これはノルウェーの平和学者、ヨハン・ガルトゥング博士が提唱している考え方です。しかし安倍総理はその同じ言葉を使って、世界の安全を守るためにはアメリカなどと一緒に海外で軍事的貢献していく考えにすり替えてしまっているのです。

日本政府は安部総理になるまでは、「憲法上、集団的自衛権は認められない」と一貫して主張してきました。しかし二〇一四年（平成二六年）七月に安倍総理は集団的自衛権の行使容認を閣議決定し、一五年九月には戦争法案ともいえる安保関連法案を強行採決してしまいました。この安保関連法は集団的自衛権の行使を認めない憲法に違反しているのは明らかです。

安倍総理は二〇一五年の年頭所感で「日本を、再び、世界の中心で輝く国としていく」と言っています。憲法の解釈変更で軍事的貢献ができるようにすることで、積極的平和主義の流れを一気に進めて世界の中心に立とうとしているのです。これに同調する流れが国内にあるのも確かに事実です。

今朝（二〇一六年九月一〇日）の新聞にも出ていましたが、北朝鮮で五度目の核実験が行われました。ミサイルの性能もどんどん高まっています。アメリカはかつて、北朝鮮への空爆を計画したことがありました。核不拡散条約（ＮＰＴ）から北朝鮮が抜けた時です。その時実は日本にも自衛隊の派遣要請がアメリカからあったのです。

日本政府は集団的自衛権の行使はできないことから、その時は政権がアメリカからの要請を断ったのですが、今度もしアメリカが空爆を計画して日本に協力要請をしたら、安倍総理はきっとやるでしょう。「北朝鮮をつぶせ」という世論は、国内だけではなく国際的にもたぶん高まっていくのではないかと思います。そうした流れは本当に心配だなと思います。本当にそれでいいのか、ということをみんなで考えていかなければならないと思います。

理想を宣言した憲法前文

安倍総理は「現憲法の前文は敗戦国としての連合国に対する詫び証文でしかない。こんないじましい文章を六四年間もよく大切に拝んできましたね」と話していると申し上げました。でも本当に憲法前文はいじましいのか、連合国に対する詫び証文なのか、ということを見ていきたいと思います。

世界の国々には憲法がありますし、前文を有している国もたくさんあります。ただ憲法の前文がどういう内容でどういう意義を持っているのかというと、それはそれぞれの国によって違うのです。まず、憲法制定の由来を前文にしている国があります。次に憲法の趣旨や目的をうたっている国があります。そして、憲法の基本原則や理想を宣言している国があります。日本国憲法はこの三つのうちのどれに当たるのかというと、三つ目の「憲法の基本原則や理想を宣言する」ものだと思います。

日本国憲法の前文は、四段落に分かれています。その段落ごとにお話をしたいと思います。まずは第一段落の「日本国民は、正当に選挙された」から「法令及び詔勅を排除する」までですが、この段落では日本国憲法成立の事実と方向を宣言しているのです。憲法の目的あるいは基本理念を概括的に示しているのです。この憲法は民定憲法であって、平和の達成と自由の確保を目的に民主主義をその基本原理として、これに反する憲法や法令などは許さないということを宣言しているのです。

二段落目は「日本国民は、恒久の平和を念願し」から、「平和のうちに生存する権利を有することを確認する」までです。この段落は前段の平和達成の趣旨を展開して、戦争の放棄と軍備の撤廃をなすにいたった理由、その結果として予想される事態に対する考え方を明らかにしたものです。恒久平和を願って日本国民の安全と生存を、平和を愛する諸国民の公正と信義に委ねるというのが、この段落の要旨です。

そして三段落目は「われらは、いづれの国家も」から「各国の責務であると信ずる」までですが、この段落では国際協調主義をうたっています。この国際協調主義というのは、今、安倍総理がいうような国際協調主義とか積極的平和主義とはまったく違ったもので、国際社会が信頼し合い支え合っていこうという意味での国際協調主義です。いずれの国も自国のことのみに専念せず、他国との対等の関係の中で支え合うことの大切さを訴えています。

最も短い四段落目は、「日本国民は、国家の名誉にかけ、全力をあげてこの崇高な理想と目的を達成することを誓ふ」と書かれており、国民の決意を表しています。本当に大事な日本国民の決意です。

私はこの日本国憲法の前文を改めて皆さんにもじっくり考えていただきたいと思います。どこがいじましいのでしょうか。高い理想を掲げた内容で、とても素晴らしいではないでしょうか。

改憲草案の危ない前文

それでは自民党の憲法改正草案の前文はどうなっているか、見てみましょう。

日本国は、長い歴史と固有の文化を持ち、国民統合の象徴である天皇を戴く国家であって、国民主権の下、立法、行政及び司法の三権分立に基づいて統治される。

我が国は、先の大戦による荒廃や幾多の大災害を乗り越えて発展し、今や国際社会において重要な地位を占めており、平和主義の下、諸外国との友好関係を増進し、世界の平和と繁栄に貢献する。

日本国民は、国と郷土を誇りと気概を持って自ら守り、基本的人権を尊重するとともに、和を尊び、家族や社会全体が互いに助け合って国家を形成する。

我々は、自由と規律を重んじ、美しい国土と自然環境を守りつつ、教育や科学技術を振興し、活力ある経済活動を通じて国を成長させる。
日本国民は、良き伝統と我々の国家を末永く子孫に継承するため、ここに、この憲法を制定する。

いかがでしょうか。憲法の前文には三つのパターンがあると申し上げましたが、この前文は二つ目の「趣旨や目的」をうたうものだと思います。原則や理想を掲げたものではなく、目的を具体的に織り込んでいます。いじましいとまでは言いませんけれども、非常に危ない前文だと私には思えますが、皆さんはいかがでしょうか。

戦後、日本国憲法が公布された一〇カ月後の一九四七年（昭和二二年）八月、文部省が発行して全国の中学校一年生に社会科教科書として配られた小冊子『あたらしい憲法のはなし』の抜粋を、皆さんにお配りしました。実はこの『あたらしい憲法のはなし』のパロディー版の本が出ているのをご存じですか。『あたらしい憲法草案のはなし』（太郎次郎社エディタス、二〇一六年）です。著者は「自民党の憲法改正草案を爆発的にひろめる有志連合」、略して「自爆連」となっていますが、具体的に誰が何のためにつくったのかよくわからない本なのです。内容は自民党の憲法改正草案を世の中に広めるためのもので、自民党の掲げる目標と理想を並べています。

「最高法規」と「基本的人権」

当時の文部省が発行した『あたらしい憲法のはなし』は、子どもたちにもとても分かりやすい表現で書かれています。今日はお子さんも参加されていますから、ぜひ『あたらしい憲法のはなし』を聞いていただきたいと思います。まず第一章の「憲法」は「みなさん、あたらしい憲法ができました」という言葉から始まります。

そして「昭和二十二年五月三日から、私たち日本国民は、この憲法を守ってゆくことになりました。このあたらしい憲法をこしらえるために、たくさんの人々が、たいへん苦心をなさいました。ところでみなさんは、憲法というものはどんなものかごぞんじですか。じぶんの身にかかわりのないことのようにおもっている人はいないでしょうか。もしそうならば、それは大きなまちがいです」と、身近な存在であることを強調しています。

さらに「国の仕事は、一日も休むことはできません。また、国を治めてゆく仕事のやりかたは、はっきりときめておかなければなりません。そのためには、いろいろ規則がいるのです。この規則はたくさんありますが、そのうちで、いちばん大事な規則が憲法です」と、国の最高法規であることを明記しています。

続けて、「国をどういうふうに治め、国の仕事をどういうふうにやっていくかということをきめた、いちばん根本になっている規則が憲法です。もしみなさんの家の柱がなくなったとしたらどうでしょう。家はたちまちたおれてしまうでしょう。いま国を家にたとえると、ちょうど柱に当たるものが憲法です」と最高法規であることを分かりやすく説明しています。

「もし憲法がなければ、国の中におおぜいの人がいても、どうして国を治めてゆくかということがわかりません。それでどこの国でも、憲法をいちばん大事な規則として、これをたいせつに守ってゆくのです。国でいちばん大切な規則は、いいかえれば、いちばん高い位にある規則ですから、これを国の『最高規範』というのです」。

国の形を決める最高法規であることを最初に指摘した後で、次には基本的人権に触れます。「ところがこの憲法には、いまおはなししたように、国の仕事のやりかたのほかに、もう一つ大事なことが書いてあるのです。それは国民の権利のことです。この権利のことは、あとでくわしくおはなししますから、ここではただ、なぜそれが、国の仕事のやりかたをきめた規則と同じように大事であるか、ということだけをおはなししておきましょう」

そしてなぜその権利が必要であるかを説明していきます。

「みなさんは日本国民のうちのひとりです。国民のひとりひとりが、かしこくなり、強くならなければ、国民ぜんたいがかしこく、また、強くなれなせん。国の力のもとは、ひとりひとりの国民にあります。そこで国は、この国民のひとりひとりの力をはっきりとみとめて、しっかりと守ってゆくのです。そのために、国民のひとりひとりに、いろいろ大事な権利があることを、憲法できめているのです。この国民の大事な権利のことを『基本的人権』というのです。これも憲法の中に書いてあるのです」

国民自らが作り上げた憲法

「最高法規」であること、「基本的人権」を尊重していることを明記した後に、今度は最高法規を分かりやすく説明し、「戦争の放棄」をうたった九条に初めて触れます。

「そこでもういちど、憲法とはどういうものであるかということを申しておきます。憲法とは、国でいちばん大事な規則、すなわち『最高法規』というもので、その中には、だいたい二つのことが記されています。その一つは、国の治めかた、国の仕事のやりかたをきめた規則です。もう一つは、国民のいちばん大事な権利、すなわち『基本的人権』を決めた規則です。このほかにまた憲法は、その必要により、いろいろなことをきめることがあります。こんどの憲法にも、あとでおはなしするように、これからは戦争をけっしてしないという、たいせつなこともきめられています」

続けて国民の総意でこの憲法を作り上げたことを強調します。

「これまであった憲法は、明治二十二年にできたもので、これは明治天皇がおつくりになって、国民にあたえられたものです。しかし、こんどのあたらしい憲法は、日本国民がじぶんでつくったもので、日本国民ぜんたいの意見で、自由につくられたものであります。この国民ぜんたいの意見を知るために、昭和二十一年四月十日に総選挙が行われ、あたらしい国民の代表がえらばれて、その人々がこの憲法をつくったのです。それで、あたらしい憲法は、国民ぜんたいでつくったということになるのです」

続けてこう言います。「みなさんも日本国民のひとりです。そうすれば、この憲法は、みなさんのつくったものです。みなさんは、じぶんでつくったものを、大事になさるでしょう。こんどの憲法は、みなさんをふくめた国民ぜんたいのつくったものであり、国でいちばん大事な規則であるとするならば、みなさんは、国民のひとりとして、しっかりとこの憲法を守ってゆかなければなりません。そのためには、まずこの憲法に、どういうことが書いてあるかを、はっきりと知らなければなりません」

そして新しい憲法が一〇三条で構成されていることを説明します。「みなさんが、何かゲームのために規則のようなものをきめるときに、みんないっしょに書いてしまっては、わかりにくいでしょう。国の規則もそれと同じで、一つ一つ事柄にしたがって分けて書き、それに番号をつけて、第何条、第何条というように順々に記します。こんどの憲法は、第一条から第百三条まであります。そうしてそのほかに、前書がいちばんはじめにつけてあります。これを『前文』といいます。

この前文には、だれがこの憲法をつくったかということや、どんな考えでこの憲法の規則ができているかということなどが記されています。この前文というものは、二つのはたらきをするのです。その一つは、みなさんが憲法をよんで、その意味を知ろうとするときに、手びきになることです。つまりこんどの憲法は、この前文に記されたような考えからできたものですから、前文にある考えと、ちがったふうに考えてはならないということです。もう一つのはたらきは、これからさき、この憲法をかえるときに、この前文に記された考え方とちがうようなかえかたをしてはならないということなのです」

「戦争放棄」を放棄するパロディー版

今読み上げたのは『あたらしい憲法のはなし』の中の第一章「憲法」です。この小冊子は総五四ページ、全一五章で構成されています。第六章に「戦争放棄」があります。この戦争放棄の章の一部を読んでみましょう。

「こんどの憲法では、日本の国が、けっして二度と戦争をしないように、二つのことをきめました。その一つは、兵隊も軍艦も飛行機も、およそ戦争をするためのものは、いっさいもたないということです。これからさき日本には、陸軍も海軍も空軍もないのです。これを戦力の放棄といいます。『放棄』とは『すててしまう』ということです。しかしみなさんは、けっして心ぼそく思うことはありません。日本は正しいことを、ほかの国よりさきに行ったのです。世の中に、正しいことぐらい強いものはありません」

「もう一つは、よその国と争いごとがおこったとき、けっして戦争によって、相手をまかして、じぶんのいいぶんをとおそうとしないということをきめたのです。おだやかにそうだんをして、きまりをつけようというのです。なぜならば、いくさをしかけることは、けっきょく、じぶんの国をほろぼすようなはめになるからです」

そこで一方の、パロディーになっている自爆連の『あたらしい憲法草案のはなし』の戦争放棄のところを読んでみたいと思います。

—　戦争に勝った国（アメリカやイギリスなどの連合国軍）は、「日本から戦力や武器をうばい、二度と戦争ができないようにさせてやる」と考えたのです。これを「武装解除」といいます。武装解除は国の主権をうばうことですから、戦争に負けた日本にとっては、たいへん屈辱的な（はずかしく、つらい）ことでした。しかし、みなさん、時代は変わりました。いまの日本は、経済的にも発展し、りっぱな先進国の一員です。それなのに、今も軍隊をもつことができず、おおくの先進国が参加する戦争にも加われないのは、なぜでしょうか。それは憲法九条がじゃまをしているからなのです。

パロディー版にはそう書いてあるのです。ひどいですよね。こういう冊子を配って「日本を取り巻く安全保障環境は危ない」「もう時代は変わったのだ」というような考え方を国民に植え付けようとしているとしか思えません。このような冊子だけでなく、インターネット上でもどんどん攻めてきていますから、相当な覚悟とパワーを持って私たちも押し返していかなければいけない状況にあるのです。

このパロディー版でない『あたらしい憲法のはなし』は、復刻版も出されています。子どもたちも読めるように難しい漢字は平仮名にしてあるので、小学生でも十分読めますので、親子でしっかりと読んでいただきたいと思います。

参院選挙で改正を争点にせず

憲法改正に前のめりになっている安倍総理ですが、二〇一六年初めからの改正に向けた彼の発言をまとめてみました。一月四日の年頭の記者会見では「憲法改正は参院選でしっかり訴えていく。国民的な議論を深めていきたい」とはっきりと言いました。同じ一月の一〇日にはＮＨＫの番組の中で「改憲に前向きな党もある。責任感の強い人たちと三分の二を構成していきたい」とも語っています。

一月二一日に開かれた参議院決算委員会では、「いよいよどの条項について改正すべきか、新たな現実的な段階に移ってきた」とさらに前のめりな姿勢を示しました。そして三月二日の参議院予算委員会で「私の在任中に成し遂げたい」とその姿勢を強めました。

しかし六月一九日のインターネット討論番組では「次の国会から憲法審査会を動かしていきたい。参院選挙で争点とすることは必ずしも必要はない」と発言し、七月の参議院選が近づくと、憲法改正については口をつぐんで争点から外してしまったのです。事実、選挙中も一切、憲法改正には言及をせず、アベノミクスを前面に出した経済政策を中心に有権者に訴える戦術を取りました。

しかしインターネット討論番組の中で、「参議院選挙の争点にしなくても、次の国会から憲法審査会を動かしていきたい」という発言は、争点を隠しながら、選挙が終われば改正に向けて行動するということです。選挙前になると有権者が嫌う憲法改正を口にせず、自らの改憲への前のめりな姿勢を引っ込め、選挙後にはすぐに改正へ動き出すという姿勢は、政治家として不誠実ですし姑息な手段としかいえません。

そして忘れもしない七月一〇日の開票日。自民党が勝利すると分かった段階で、安倍総理は「衆参の憲法審査会を臨時国会から動かしていく」と記者会見で表明したのです。今後はどの条文をどのような内容に変えていくのか、具体的な議論を進めていくということになるのです。

一票の格差是正から改憲論議か

衆議院の憲法審査会の委員は五〇人いますが、そのうち改憲勢力はなんと三七人います。自民党が三一人、公明党が四人、日本維新の会が二人です。これに対し野党は民進党が一〇人、共産党が二人、社民党が一人です。参議院の憲法審査会の委員は四五人で、そのうち改憲勢力は三二人です。これでどうやって民主的な議論ができるのでしょうか。

憲法改正原案が衆参の憲法審査会に提出されて、賛成が過半数なら原案は可決され、衆参の本会議にかけられます。賛成が三分の二以上で可決し、国民へ発議（提案）され国民投票をすることになります。衆議院、参議院ともに三分の二以上の議員がいる改憲勢力ですから、数の力を使うことになればこれはもう議論にならないのです。ですから憲法改正原案が憲法審査会で可決し、国会で審議されるようになる前の今の段階で、改正議論に乗るか乗らないかといった判断も考えなければなりません。

その判断は難しいところですが、相手の土俵に乗らず、自由と民主主義に立脚した立憲主義を断固として守り、違憲である安保関連法を放置したままで憲法審査会が改憲議論を行うことは絶対に許されないという立場を明確にして、憲法審査会に臨まざるを得ないかなと思っています。

では安倍総理が憲法審査会を動かして憲法改正のムードをつくっていくために何をしていくのだろうということですが、国民の理解を得やすいところから手をつけてくるでしょう。安倍総理は確かに九条の改正を目指しているのでしょうが、それは今の自民党でも相当ハードルが高いと思います。

権限乱用の危険性が高い緊急事態条項

自民党の改正草案では新たに「緊急事態条項」を設けています。これは首相が特に必要と認める時に閣議にかけて緊急事態を宣言できるとして、その宣言が発せられると内閣は法律と同一の効力を有する政令を制定することができるというものです。東日本大震災などの大規模な自然災害やテロなどを想定しているようですが、権限乱用の危険性が極めて高く、国民生活を大きく制限する可能性があります。

国際的なテロが頻発する中、テロ対策の強化だと政府が説明すれば国民も乗ってしまう懸念がないわけではありません。しかし憲法が定めている基本的人権が侵される恐れが十分にあり、国民の理解を得られるのは難しいのではないかと思います。

そうするとどこから改憲に手をつけていくのか。私は恐らく「一票の格差」の是正を主眼に置いて、改正議論を高めていくのではと思っています。この「一票の格差」については最高裁が違憲状態との判決も出していますから、今回の参議院選挙で合区制を導入しました。

高知・徳島と島根・鳥取の二選挙区では、県をまたいだ合区にして選挙をしたわけです。でも地域の人たちには他県の候補に投票しなければならないという非常に難しい選挙を強いられましたから、投票率も下がりました。

全国知事会からもこの合区制の導入を見直して、各県から国会に代表を出してほしいという決議文が出されました。その決議文では一票の格差を解消するためには、将来的には「憲法改正についても議論すべきと考える」と国会に求めています。最近の国政選挙でも最高裁が違憲状態と判断しており、合区での緊急避難的な対応ではなく憲法改正を検討すべきだと主張しているのです。

そうするとこの「一票の格差」是正というのは、改憲を進めようとする側だけでなく国民全体の流れとしては非常に乗りやすいと思うのです。こういう話も出てくるのではないかと思います。

改憲勢力には考えのずれも

先ほど衆参両議院で改憲勢力が三分の二を占めていると話しました。でも各党の改憲への考えは微妙にずれているように見えます。自民党と連立政権を組む公明党は、もともとは平和を求める中道革新党でしたが、最近はすこし変わってきています。でも公明党は「九条は改正しない」と言っています。昨年九月に成立した安保関連法も九条との整合性が取れているとし、九条改正はしない立場です。

日本維新の会は自治体の問題とか、憲法裁判所をつくるとか、そういうような話をしています。だから自民党がやりたいこととはずれがあると思います。そうすると改憲勢力が三分の二以上議席を持っているからと言っても、具体的な改憲議論が進んでいくと、どこを実際に改正するのか難しい局面を迎えることも考えられます。そうなると自民党はもう一度、憲法の発議要件の緩和、衆参両議院三分の二以上の賛成で発議することを定めた九六条の改正を持ち出してくるのではないかと思います。

国民の権利を制限する緊急事態条項も、テロや災害に対処するためだと強調して、「だから憲法を改正しないとだめだよね」と国民が乗りやすいような方向に改憲ムードを作り出していくことを私は心配しております。

これまで自民党総裁は二期六年までしか務めることができませんでしたが、これを三期九年までに延長するように自民党内で進めています。そうなると安倍総理の任期は二〇一八年（平成三〇年）九月から、二〇二一年（平成三三）年九月まで可能となります。二〇二〇年に開かれる東京オリンピック・パラリンピックの時も総理大臣を務められるわけです。そうすると二〇二一年九月までの間に、何とか九条の改正まで持っていきたいというのが安倍総理の本音だと思います。〔編注—二〇一六年一一月、自民党は総裁任期を三期九年に延長することを決定した。〕

改正に向けた大まかな流れとは

ここで憲法改正に向けた手続きの簡単な流れを説明します。憲法改正原案の発議は、衆参両議院の憲法審査会で行われることになります。この憲法審査会の目的は、まさしく憲法改正原案や国民投票に関する法律案などを審査する機関で、どのような内容の憲法改正が必要なのかという議論を徹底的に行っていくところです。

審査会で改正原案が固まってきたところで憲法改正原案の発議ということになりますが、発議をするには衆議院議員一〇〇人以上の賛成、あるいは参議院議員五〇人以上の賛成がなければできません。衆参の憲法審査会の中で徹底的に議論をしていこうということです。

そして本会議にこの改正原案が諮られることになりますが、衆議院が先なのか参議院が先になるかは分かりません。普通の法案でしたら衆議院から参議院へという流れになっていますが、憲法改正の場合はどちらが先になるかは決まっていません。

今の憲法九六条でも規定されているように、衆議院の四七五人の三分の二以上、参議院の二四二人の三分の二以上が賛成すれば憲法改正原案が可決し、今度は国民に対して発議(提案)されるわけです。国民への提案後六〇日から一八〇日以内に国民投票の期日が、国会で決められます。そこから国民投票に向けた広報、周知活動がスタートするのです。

賛成派も反対派もこの活動はかなり自由にいろいろな形でできるようになっています。

そして投票ということになりますが、憲法改正案の一つひとつの案件ごとに一人が一票を投票していくことになります。昨年(二〇一五年)九月に強行採決された安保関連法のように関連する一一本の法律をまとめて一気に採決するということは絶対にできない。一つひとつ丁寧にやっていくことになりますから、憲法を改正するには相当高いハードルがあるということだけは理解していただきたいと思います。

国民投票の結果、賛成が投票総数の二分の一を超えた場合に憲法改正公布の手続きに入ることになります。

憲法を学習する場を広めたい

憲法改正問題はそのテーマ自体、難しいと考えている方も大勢いらっしゃいます。憲法審査会が何をしようとしているのか分からない人もいるでしょう。ですから私たちもできるだけ分かりやすく国民の皆さんにこの問題を、このような市民の学習会でお話ししたり、辻説法的に街頭に立って語りかけていく活動をしていかなければならないと思います。

国会では与党の力が大きく、野党の力がまだまだ足りない状況ですから、一人ひとりの国民の皆さんの意思と活動がなければ、私たちは与党に対抗していくことはできないと思います。こういう機会をつくっていただくことは本当にありがたいことですし、憲法改正に関心がないという人も含めて、一人二人と声をかけていただき、一緒にこの問題を勉強する機会をつくっていくことがすごく大事だと思います。

大阪市長だった橋下徹さんが自ら掲げた大阪都構想で市民投票をした時に、人通りの多い街頭に大きなパネルを立てて、いかにこの構想が必要であるかを訴える街頭勉強会をしました。街頭演説会は私たちが立ってもだいたい一〇分か一五分ぐらいで終わってしまうのですが、そこでは一時間とか一時間半とか長時間かけて街頭に人を集めた勉強会でした。私は法律の専門家ではありませんので、この憲法改正に関しても憲法学者とか法律家も招いた、そのような街頭勉強会をぜひ開いたらいいと思うのです。

これまでのような街頭宣伝ではなく、「日本国憲法はどういうものか、皆さん勉強していきましょう」と呼びかけることは必要ではないでしょうか。私は一度、安保関連法案が国会に提案された時に大きなパネルをつくって、狸小路の街頭に六時間立って辻説法をしました。今、私の目の前を通り過ぎていった人にも「買い物が終わったら戻ってきてまた聞いてくださいね」と呼びかけました。安保関連法案とはどういうものなのか、政権がこの法案を成立させる目的は何なのか、それを皆さんに分かってもらおうと、マン・ツー・マンでもお答えしました。

ほぼ半日、同じ狸小路の場所に立ってそのような街頭活動をしたのですが、これからはそのように国民の皆さんに直接訴えていくことをもっとやっていかなければいけないと思います。あのときは孤独な闘い（笑）でしたので、ぜひ皆さんにも協力していただき、また憲法学者や弁護士の方々にも加わってもらった街頭学習会のようなことができるともっと広がっていくし、関心が高まってくるのではないかと思います。ぜひともご協力をお願いします。

今の改正論議に乗るべきではない

繰り返しになりますが私は、今の憲法改正論議の土俵には、乗るべきではないと思っています。土俵に乗ると、少しずつ、少しずつ行ってはいけない方向に引きずられてしまう可能性があるので、本当に憲法を守りたいと思ったら土俵に乗るべきではないと思います。ただ民進党も民主党時代は政権を担い、またこれからも政権交代を目指しているのだから、反対だけではだめだという意見も党内や支持者からも多いのは事実です。

でも私は反対を貫く場合もあると思っていますし、だめなものはだめなのですからね。環太平洋連携協定（TPP）もそうでしたが、私は一貫して反対姿勢を貫いてきました。党内には対案がないとだめだみたいな対案病になっているところがありますが、決してそうではない。自民党はプロパガンダで、民進党は対案がなく無責任だとか考えがないなどと言っていますが、私たちは社会保障にしても教育問題にしても、将来像を描いた対案を持っていましたし、同一労働同一賃金の問題にしても民進党が提案してきた事案でしたから、安倍政権が民進党の政策をパクっているわけです。子育て支援もそうです。これも民主党政権時代に進めてきたことです。社会保障にかかわる部分は、私たちの延長線上の政策を進めているのですが、打ち出し方、アピールの仕方が民進党よりうまい。

でも、今回の憲法改正に関しては、安保関連法もそうでしたが、やはり土俵に乗るべきではないと私は思っています。そこも含めてもう一度、党内でしっかりと議論しなくてはいけないと思います。

具体的なイメージを自ら描く

自民党の改憲草案の土台そのものがひどいものだということを、市民に対して分かりやすく説明する必要があるという意見も聞きます。しかし自民党の改憲草案をどれだけの市民が読んでいるかという側面もあるので、それは難しいと思います。

草案の内容をそのまま自民党が押し通してくるかといえば、ハードルは相当高いと思います。自民党の中にはあの内容がいいんだと主張する議員もたくさんいます。だから草案の全体はあまり意識せずに、むしろ個別の問題について、例えば九条はどうなのか、自衛隊を国防軍にしていいのか、緊急事態条項の本当の狙いは何なのか……というように議論していくほうがよいと思います。自民党の改憲草案をただ危ないものだ、危ない内容だと言うのは、むしろ逆効果になりかねないと思います。

私たちは憲法が生活の中でしっかりと生かされている、根付いているということを具体的に皆さんに話していかなければと思っています。世の中で起きていることは憲法と密接に関係しているんだということを皆さんにも考えてほしいのです。

私は先ほど、国際協調主義から積極的平和主義という流れになっていると話しました。安倍総理がさかんに口にする積極的平和主義という言葉。「平和」という言葉をあえて使っているから、これが危ない、と見抜いていかないといけない。言葉にだまされてはいけないのです。彼が言う積極的平和主義とは、「軍事的貢献をすべし」と同じです。海外に自衛隊を派遣して、アメリカ軍と一緒に戦争をしろということです。それが彼の積極的平和主義で、そこには戦争を放棄した九条と大きく関ってきます。ですから自衛隊の海外派兵を許した安保関連法は憲法違反なのです。憲法と安倍政権が進めている今の政策との関わりを、一つひとつ自分たちの手で検証していくことも大切だと思います。

例えば北朝鮮の核問題があります。仮にアメリカが北朝鮮に武力行使に出ようとした時、日本に協力を求めてきたらどうするのか。集団的自衛権を行使して自衛隊を北朝鮮に派遣して、アメリカと一緒に空爆などをするのかどうなのか。その辺を具体的に考えていくのがいいと思うのです。これまでの憲法解釈でしたら、専守防衛が基本で自国に攻め込まれない限りは武力行使はできませんでした。しかしこの専守防衛の解釈を覆して、安倍政権は集団的自衛権の行使を認めてしまいました。

そのことで具体的に日本と北朝鮮の関係がどうなっていくのか。さらには韓国と北朝鮮の関係はどうなるのか、中国はどのように動くのか、ロシアはどう反応するのか。そういった隣国の動きの中で日本にはどんな影響が出てくるのか。具体的なイメージを自らの頭の中で描いてみることもとても大事だと思います。

「立憲主義」とは憲法の枠の中で政治を進めること

要するに自民党の改憲草案の中身を議論する以前の問題だと思うのです。政治とはあらかじめ憲法の条文で定められた枠の中でしかできません。それを逸脱すると憲法違反になります。しかしその決められた憲法の枠の中で政治を進めていくということが、壊れてしまっている。そうなると国会のルールも壊されているし、数の力では立憲主義を守れるような状況ではなくなってきています。ですから、この「立憲主義を守る」

ということを軸に、私たちが考え行動していくことが、とても重要になってくると思います。

立憲主義という言葉は、安保関連法案を国会で審議している時に大きくクローズアップされた言葉です。当たり前のことだったのであえて立憲主義と言わなくても、日本はずっと立憲主義でやってきたはずだったのです。でもそうではなくなってしまったから、再び表に出てきたのです。

この立憲主義がどういうものかということを、具体的にどのように伝えていけばいいのか。ただ「立憲主義を守る」と言っても説得力はなかなかないと思います。ではどのように伝えていくか。

私がよく皆さんに申し上げるのは、「政治はあらかじめ憲法で決められた枠の中で進めていく」「憲法のルールを守りながら政治を進めていかなければいけない」。これが立憲主義の基本です。

しかし今、安倍政権が進めていることは、憲法が定めたルールをまったく守っていない。集団的自衛権を認めた安保関連法もそうですし、その法案が成立した後に野党が求めた臨時国会も開きませんでした。この臨時国会開催は憲法でも保障されたものですが、安倍総理は外交日程などを理由に無視しました。憲法で定められたルールを全く守っていません。そういった安倍政権が行う一つひとつの政策判断が立憲主義を壊している。ですから私たちは安倍政権が立憲主義を守って行動していくのかどうかを、これからもその視点に立って監視していかなければなりません。

誰のための政治なのかを考えよう

ＴＰＰもその協定内容が国民にまったく知らされず、知る権利を認めた憲法に違反している協定ではないかと思いますが、その協定が発効する前に安倍政権は「強い農業」を目指して農政改革を進めています。

その農政改革はどういうものかというと、企業参入とイノベーション（技術革新）、六次産業化、それに輸出拡大が柱になっているのです。今挙げた内容を聞いて、北海道の農家の皆さんが豊かになると感じますか。私はまったく感じません。

そこで九月からの臨時国会で政府が何をしようとしているかというと、農家が農協から買う資材や肥料の値下げです。お隣の韓国と比べてトラクターなどの農業機械が高過ぎるので安くしなければいけないとか。

こんなことはやろうと思ったら今までもできたことです。でもやってこなかったのはどうしてか。それは農業を実際に営んでいたのが、ほとんどが個人や農業生産法人の農家だったからです。先ほど企業の参入を真っ先に挙げましたが、政府は農業への企業参入を積極的に進めようとしています。

企業が参入しやすいよう、企業がなるべく経費をかけないで農業ができるようにしよう。企業に農業経営をさせようと動いているからこそ、肥料の値段を下げろとか、機械をもっと安くしろという話になっているのです。

農家のための値下げではないこと、そして農政改革が今の農家を豊かにするものでないことを皆さんに知ってほしいのです。その事実が分からないと自民党で農林部会長を務めている小泉進次郎さんは頑張っているなあ、などという評価になってしまうのです。誰のための改革なのかを、しっかり見極めなければいけません。

自分の主張を訴え続ける

新聞やテレビなどのマスメディアで国会の動きなどが取り上げられますが、新聞に書いてあることは違うよ、実際にはこういう議論をしているよということを、私たち国会議員もどんどん街に出て皆さんに伝えていかなければいけません。そうでなければ大手メディアの論調とか自民党が電通を使ってやっているプロパガンダにはかなわない。

私一人は小さな力かもしれませんけれども、自分のできることを精いっぱいやっていきたいと思いますし、今日集まっていただいた皆さんと力を合わせて立憲主義に基づいた政治を取り戻していきたい。安保関連法案を審議していた昨年、小さな車をレンタカーで借りて「エリリン号」と名づけて、全道各地を回って街宣活動をしました。二期目の六年間もとにかく私の主張を訴え続けるしかないと思いまして、また新しい車を準備しているところです。

新しい「エリリン号」ができ上がったら、これを皆さんに開放しようとも思っているのです。だから街頭に立って話したい、集まってみんなで何かを訴えたいという時には、自由に使っていただけるようにしたい。民進党支持者だけでなく党派を越えて自由に使っていただいて結構です。

私も皆さんと一緒にさまざまなテーマで連携していきたいと思っていますので、いろいろと計画を立ててお伝えしていきます。先ほど申し上げましたように街頭での勉強会を軸にやっていきたいと考えていますので、これからもぜひともご支援をお願い申し上げます。

できれば中学生とか高校生といった若い人たちに集まってもらって、話を聞いてもらう機会もつくりたいと考えています。一〇人でも一五人でもいいので、若い人たちとつながりをつくっていきたい。そんなことも皆さんと相談をしながら進めていきたいと思っています。

(二〇一六年九月一〇日)

参考文献
・文部省『あたらしい憲法のはなし』(日本平和委員会、一九九三年)
・自民党の憲法改正草案を爆発的にひろめる有志連合『あたらしい憲法草案のはなし』(太郎次郎社エディタス、二〇一六年)

市民と野党の力で
暴走政治に立ち向かおう

共産党参議院議員
紙　智子

一一選挙区で野党統一候補が勝利

私は二〇〇一年（平成一三年）に国会に送っていただいて、今三期目になるのですが、これまでになく市民の皆さんの政治に対する関心が高まっていることを実感しています。安倍政権が二〇一四年に集団的自衛権の行使容認を閣議決定し、昨年（二〇一五年）九月にはいつでもどこにでも自衛隊の海外派遣を可能にした安保関連法案、いわゆる戦争法案が成立したこともあって、市民の皆さんが自ら立ち上がり、自ら考えて行動しなければならないという運動が盛り上がっているのを実感しています。そういう意味では、私たち国会議員も市民の皆さんと一緒に活動していける本当にやりがいのある時だなと感じています。

まず今年（二〇一六年）七月の参議院選挙の結果をどう分析し、その結果をこれからの活動にどう生かしていけばいいのか。それを考えたいと思うのですが、先の参議院選挙は全国各地で野党四党と市民とが協力して安倍政権の暴走政治に立ち向かった選挙だと思います。このように政党と市民が手を携えて国政選挙を戦ったのは戦後初めてと言ってもいいでしょう。

そういう意味では歴史の中でも今までになかった選挙戦をたたかってきたと思います。結果について大手マスコミなどは、「自民党の圧勝」とか「改憲勢力が三分の二を占めた」と書き立てました。確かに参議院でも改憲勢力が三分の二以上とはなりましたが、自民党圧勝という表現はどうなのでしょう。本当にそうかな、と感じている方もいらっしゃると思いますし、実は私もそのように思っています。

というのも私たち日本共産党を含めた野党四党は、自民・公明の連立政権と対決して、市民の皆さんと共に全国の一人区の三二選挙区で統一候補を擁立しました。初めての野党共闘でしたのでさまざまな困難はあったのですが、それを乗り越えて統一候補を立てることができました。お陰で三二カ所のうち一一選挙区で野党四党の統一候補が勝ったのです。

東北、北海道など農業県で勝利

この野党四党が勝った一一選挙区は、全国の中でも安倍総理自身が非常に危機感を抱いて、応援に駆け付けた負けられないところばかりでした。自民党も力を入れていたそういう選挙区をほとんど落としたことになるのです。東北六県のうち秋田はもうちょっとのところで敗れてしまいましたが、青森、宮城、岩手、福島、山形の五県で野党の統一候補が勝ちました。

甲信越地方では、山梨、長野、新潟も野党四党と市民団体が協力した統一候補が競り勝ちました。それから東海地方では三重、九州では大分が勝ちました。沖縄ではご承知のように翁長雄志知事を先頭に安倍政権に対して「オール沖縄」の闘いがずっと続いています。宜野湾市長だった伊波洋一さんが自民党の現職大臣の島尻安伊子さんに一〇万票以上もの大差をつけて圧勝しました。

それともう一つ、野党候補が勝ったのが北海道選挙区です。北海道は定数二から三と一人増えました。今までは自民党現職は長谷川岳さん、民進党現職は徳永エリさんの二人で議席を分けていました。自民党はこの北海道選挙区も重点区と位置づけで、安倍総理自らがテコ入れに動きました。新党大地の鈴木宗男代表とも直接会って選挙協力を求めました。しかしご存知の通り、元衆院議員だった民進党の鉢呂吉雄さんが自民党と新党大地が推した元道議を破ったのです。

「自民圧勝」と大見出しを打ったマスコミ各社ですが、このように見ていくと、実際はそうではなくて安倍政権は非常に厳しい国民の審判を受けたと言っていいのではないでしょうか。

野党四党が勝利した選挙区を見ると東北、新潟、北海道と米どころなどの農業県が多く、ここでは環太平洋連携協定（ＴＰＰ）が大きな争点になっていた地域です。ＴＰＰをアベノミクスの柱に据える安倍政権は選挙中、徹底的にＴＰＰの争点化は避けました。だから絶対にＴＰＰについては語りませんでした。東北各県でもＴＰＰを直接語らずに「農家の皆さんの所得を倍増します」「輸出も強力に後押しします」といった内容の話ばかりを盛んにして歩いていたのです。それでも非常に危機感を感じている農家は、野党四党の統一候補に自らの思いを託して一票を投じたのです。

市民と野党の結束が財産に

それでもなぜ三分の二の議席を獲得できたのかというと、安倍総理自らが本当にやりたい政策をまったく語らず、国民に隠し通した選挙だったからだと思います。選挙戦に入ると安倍総理は憲法改正については一切口を閉ざしてしまいました。

ＴＰＰについても同じです。語っていたのはアベノミクスを推し進めていくという経済政策の一点張りです。あとは介護離職をゼロにしますとか、保育園の待機児童をゼロにしますとか、野党がこれまで主張してきた政策をあたかも自分たちの独自の政策であるかのように主張し、本当に自らがやりたい憲法改正やＴＰ

Pには全然触れないで選挙をしたのです。

その上での三分の二ですが、安倍総理にとっては重点区をほとんど落とした厳しい結果になったのです。自らテコ入れし、勝たなければならない選挙区でほとんど落として負けてしまったのです。そういう意味では、私たち野党四党も市民の皆さんも一緒に頑張ってたたかったと言ってよいでしょう。

今回の参院選挙で日本共産党は、安倍政権とその補完勢力の野党を少数に追い込もうと野党共闘を積極的に進める一方、私たち自身も前進していくことを目指してたたかいました。日本共産党は一一人だった参院議員が三人増えて一四人なりました。

議員が増えたことで委員会での質問時間も増えたのはもちろんですが、これまで予算委員会や憲法審査会には、委員が二人ずつしか出せなかったのが、これからは三人ずつ出せるようになったのが大きいです。国会の場で発言する時間も増え、委員会の配置人数も増えたことで、市民の皆さんの声を国政に届ける機会が増えて、大いに頑張っていこうと思っています。

今度の選挙で一番得られた財産は、市民と野党四党の結束です。これを次につなげていくことがとても大事だと思います。両者が結束した効果は、本当に大きくて計り知れません。というのは当選した野党四党の統一候補は、日本共産党、民進党、生活の党と山本太郎となかまたち（現自由党）、社民党の四つの政党の比例票を足した以上の得票を得ているのです。

それは支持政党のない無党派層の票はもちろんですが、与党の支持基盤からも一部の票が統一候補に回っているのです。野党が共闘し市民と連携していく効果はすごく大きいことが、今回の参院選挙で分かりました。一足す一が二ではなく、それ以上になる。ですからこれからも引き続き野党共闘、そして市民との連携、この方向が大事だと思っています。

与党も野党共闘を警戒

二〇一五年（平成二七年）九月一九日、参院本会議で集団的自衛権の行使を可能にした安保関連法（戦争法）が成立しました。それからちょうど一年たった二〇一六年九月一九日、全国各地で憲法違反の安保関連法に反対する行動やデモが行われました。国会の前は「一年前のあの日を決して忘れない」と大規模な集会が開かれ、二万人もの市民が結集しました。雨の降る日でしたが「戦争法は絶対反対」「安倍はやめろ」「野党は共闘」と参加者が口々に訴えました。

昨年も国会前でＳＥＡＬＤｓ（シールズ、自由と民主主義のための学生緊急行動）をはじめとする学生や市民が集まって抗議活動を続けたのですが、その熱気は薄れていませんでした。国会前は二万人でしたが、札幌をはじめ全国四七都道府県の各地で同じような抗議活動がありました。市民が中心となって引き続き戦争法を廃止していこうという取り組みが続いているということを本当にうれしく思います。

参院選挙の一人区、三二カ所で一一人の野党統一候補が勝ったということだけでなく、負けたところもあるのですが、その負けた選挙区でも安保関連法（戦争法）廃止、立憲主義回復という大義で一致し、安倍政権を止めさせるために野党四党と市民が共闘したことで、絆というか人的な交流がつくられたのです。勝てなかったけれど、それが財産として地域に残った。これが大事で、これからその財産を生かそうと思っているのです。

自民党の最大派閥の首領で総務会長の細田博之さんは選挙期間中、「共産党にしても民進党にしても主義主張がまったく違っている、政策も全然違う。共闘ではなく単なる野合だ」と批判してきました。でも一一もの一人区で負けてしまうとは思ってもみなかったようで「次の選挙は危ない」ともらしたそうです。野党共闘を警戒しているのです。

自民党の選挙対策担当者が早速、次の衆議院選挙で同じように野党共闘をした場合のシミュレーションをしたそうです。今回の参議院選挙の結果を当てはめて計算してみると、自民党は現職が八六人も落選するという結果だそうです。それで「これは大変だ」となっているのです。

もちろんそうならないための対策は当然打ってくるでしょうし、早くも日本共産党に対する攻撃とか、野党の共闘路線を分断させる動きなどが出てきますが、絶対に負けないようにしなければいけないと思っています。

日本の侵略を規定したポツダム宣言

参院選挙を含めて最近の政治状況をお伝えしましたが、ここからは日本国憲法を巡る状況についてお話ししたいと思います。日本の憲法は戦後七〇年、常にせめぎ合いの中で今日まで来ていると思うのです。そのことをお話しします。

日本が太平洋戦争で負けた一九四五年（昭和二〇年）、三月の東京大空襲で一夜にして一〇万人の市民が死亡し、六月には沖縄の日本軍がほぼ全滅し、八月に広島・長崎に原爆が投下され、そして一四日にポツダム宣言を受諾しました。翌一五日に昭和天皇がラジオ放送で宣言の受諾を国民に向けて直接伝え、そこから戦後の日本の歴史が始まりました。

このポツダム宣言はドイツのポツダムでアメリカ・トルーマン、イギリス・チャーチル、ソ連・スターリンの三カ国首脳が会談し、日本に全面降伏を勧告し、その戦後処理方針を決めたものです。

宣言は全一三項から成り立っていますが、その中で非常に重要なのは第六項に書いてある「軍国主義勢力の永久の除去」です。第六項では日本の戦争が何のための戦争だったかというと、「世界征服を目的とする戦争だった」、言い換えれば侵略戦争だったということをポツダム宣言の中ではっきりと認定しているのです。

日本はこの宣言を受け入れたのですから、第六項の内容も認めているのです。第八項には「カイロ宣言の条項を履行する」よう述べています。カイロ宣言は四三年（昭和一八年）に、連合国側のアメリカ・ルーズベルト、イギリス・チャーチル、中国・蒋介石が対日戦争の処理内容について発表した宣言です。日本が第一次世界大戦以降に占領してきた他国の領土はすべて返還するというもので、満州や台湾は中国に返し、朝鮮は独立国とし、太平洋の島々も取り上げるという内容でした。

その内容を受けてポツダム宣言では、日本の主権が及ぶ領土を本州、北海道、九州、四国、連合国が決定する諸小島に限定しました。

また宣言の第一〇項には言論、宗教、思想の自由と基本的人権を尊重すること、第一一項には軍需産業以外の平和産業の振興などを盛り込み、戦後処理の原則としてはとても先駆的な意義を持つものでした。

ポツダム宣言を認めようとしない安倍総理

国会で私たちは、ことあるごとに安倍総理に「侵略戦争への反省があるのか」と質問するのですが、絶対に侵略戦争をしたとは認めないのです。それで戦後七〇年の二〇一五年（平成二七年）五月の国会で、志位和夫委員長が聞き方をちょっと変えて、「過去の日本の戦争は『間違った戦争』との認識はありますか」と質問したのですが、答えません。そこで、日本がポツダム宣言を受諾して戦争が終結したことを指摘した上で、ポツダム宣言の六項と八項を引用して、この認識を認めるかどうかを質しました。

すると安倍総理は「つまびらかに読んではいない」と言ったものですから、大問題になったのです。覚えている方もいるかと思いますが、日本の総理大臣たる者が、あの大事なポツダム宣言すらちゃんと読んでいないとは一体どういうことなんだと、マスコミも大きく取り上げました。

安倍総理は、宣言に書かれている中身を認めてしまうと、日本が起こした戦争は侵略戦争だったと認めることになる。つまびらかには読んでいなかったのも事実でしょうが、明確には答えたくないという別な面もあったのではないかと思うのです。

いずれにしてもこのポツダム宣言を受諾したから、日本は九月二日に降伏文書に調印し、第二次世界大戦が終わりを告げたのです。

戦後、日本は連合国軍総司令部（ＧＨＱ）の統治下に置かれました。最高司令官に任命されたマッカーサーが日本に来て、事実上アメリカの方針に基づいて日本に対する占領政策が始まりました。

マッカーサーは当時の幣原《しではら》喜重郎総理大臣に、大日本帝国憲法（明治憲法）の改正を指示しました。幣原内閣は憲法問題調査委員会をつくり憲法草案をまとめましたが、天皇制をそっくり温存する戦前の国体護持の思想、明治憲法の基本原則をそのまま残した草案を出してきたのです。

女性も投票して生まれた日本国憲法

マッカーサーは当時、憲法改正の作業は日本がイニシアチブ（主導権）をとって行うべきだと考えていました。しかしポツダム宣言に沿った民主的な草案でなかったので、考えを変えてＧＨＱの民政局に草案作成を指示しました。

その際マッカーサーは、天皇の地位は元首だが人民の基本的意思に対して責任を負うこと、戦争を放棄すること、封建制を廃止し民主国家にすることを基本にするよう求めました。これがマッカーサーの三原則です。そして天皇の地位を主権在民に基づく象徴天皇制にした草案が出来上がったのです。

一九四六年（昭和二一年）四月に戦後初の国政選挙が行われ、五月に吉田茂内閣が誕生しました。六月からの国会で改正案は活発に議論され、その審議の中でも内容が修正されたり追加されたりしました。そして一一月三日に公布され、翌年の一九四七年（昭和二二年）五月三日に施行されたのです。

私は以前、戦後初の国政選挙で投票したという年配女性に話をうかがったことがあります。四五年一二月に衆議院議員選挙法が大幅に改正されて婦人参政権が初めて認められた選挙です。

敗戦からわずか八カ月後の選挙ですから、着るものも食べるものも何もない時代でした。その女性は子どもを背負って町を歩いていると、街頭で選挙ビラが配られていたので手に取ったそうです。そのビラには基本的人権や男女平等といった今では当たり前だと思われていることが書かれていたのです。その女性は食い入るようにそのビラを読んで、「本当にこれを実行してくれるのならこの人に投票しよう」と思ったというのです。

そのビラに書かれていた候補者が、日本共産党で初の女性議員になった柄沢《からさわ》とし子さん（札幌市出身）でした。その女性は「胸をどきどきさせながら投票に行ったんですよ」と懐かしそうに私に話してくれました。女性に選挙権が認められ、主権在民、平和主義、基本的人権を尊重する新しい憲法ができる、その当時の新鮮な時代の風のようなものを、私は話をうかがって実感しました。ちなみに柄沢とし子さんは戦後、北海道の共産党再建に尽力し、第一回総選挙に出馬し、日本共産党の初の女性国会議員となった方です。

平和憲法下で自衛隊が発足

自民党の人たちは、今の憲法はＧＨＱに押し付けられたと言います。これは一体何だろうかというと、戦後日本の民主国家の形をつくるせめぎ合いの中で、民主的な国家づくりに抵抗していた人たち、つまり戦前のような国家主義的な国を残したかった指導者層の流れをくむ人たちが押し付けられたと言っているに過ぎないのではないか。そう思うのです。基本的人権を尊重するように求めたポツダム宣言に沿わない国体護持を取り入れた改正草案を、幣原内閣の憲法問題調査委員会が提出したのもそのよい例でしょう。

元最高裁判事だった伊藤正己東大名誉教授は以前、憲法の制定過程について「占領軍の圧力のもとで国民の意思と離れて憲法がつくられたというのは正当ではない」と話されていました。そして「国民は自らの憲法として戦後を育成してきたと言える」とも語っています。七〇年にわたって憲法が改正されなかったのは、今の憲法が圧倒的に国民に支持されてきたからこそです。まさに国民自らが憲法を育ててきたのです。

しかし憲法が公布され施行されて間もなく、世界情勢の変化からＧＨＱの占領政策が大きく転換していきます。ここでも憲法を巡るせめぎ合いが出てくるのです。

一九五〇年(昭和二五年)に韓国と北朝鮮の間で朝鮮戦争が勃発すると、五一年八月に吉田内閣は今の自衛隊の前身となる警察予備隊を発足させたのです。その一カ月後の九月、日本は世界四八カ国とサンフランシスコ平和条約を結び、五二年四月の発効により連合国の日本の占領は終わりました。

ソ連のスターリンの思惑によって朝鮮戦争が起こったと言われてますが、同時にアメリカは日本の占領を早く終わらせ、自らの陣営の一員に迎え入れようとサンフランシスコ講和会議を急いだと言われています。日本は平和条約が発効した同じ日に、アメリカと安全保障条約(安保条約)も結んだのです。この安保条約は日本へのアメリカ軍の駐留を認めるもので、しかも平和条約第三条によって沖縄は半永久的にアメリカ軍政の下に置かれ続けることになったのです。そして日本の国土面積の〇・六パーセントしかない沖縄に七四パーセントもの基地が存在するという重い負担につながってきます。

憲法は第九条で戦争を放棄し、軍隊を持たないと決めました。しかし警察予備隊は、その後保安隊と改称し、一九五四年（昭和二九年）には防衛庁が設置され、陸上、海上、航空の自衛隊がいよいよ発足したのです。

詭弁だった集団的自衛権容認の根拠

一九六〇年（昭和三五年）には安保条約の改定阻止の闘いがありました。今の安倍総理の祖父・岸信介総理が日米安保条約の改定を目指したのですが、共産党をはじめとする革新陣営や学生・市民は改定でより一層アメリカの軍事的な世界戦略に巻き込まれると主張し、改定阻止を目指して国民的な闘いを繰り広げたのです。岸内閣は衆議院で安保条約の批准を強行採決したため、安保改定の反対運動は民主主義を守る運動としてさらに盛り上がり、連日国会を取り巻くようなデモが繰り広げられたのです。新安保条約は参議院の議決を経ずに自然成立しましたが、岸内閣は直後に社会混乱の責任を取って退陣しました。

この当時は政治の季節とも呼ばれ、前年の五九年にはアメリカ軍基地の反対闘争である砂川事件の判決もありました。これは東京都砂川町（現立川市）にあった旧アメリカ空軍立川飛行場の拡張に反対したデモ隊が基地内に入ったことが日米安保条約に基づく刑事特別法に問われたものでした。この事件は憲法九条の下でのアメリカ軍の日本駐留が認められるかどうかが争点でした。最高裁判決では駐留アメリカ軍は憲法に違反しないと判断したのです。

安倍政権が二〇一四年七月、集団的自衛権行使の容認を閣議決定した際、その法的根拠にしたのがこの最高裁の判決でした。ですから砂川事件の判決が突如クローズアップされたのです。

しかしこの時の判決は戦力の不保持を明記した憲法下で、アメリカ軍の駐留が認められるかどうかが争われただけで、集団的自衛権の行使についてはまったく触れていないのです。判決の中で「必要な自衛のための措置をとりうることは、国家固有の機能の行使として当然のこと」として、駐留アメリカ軍の存在を認めたのですが、安倍政権はこの「必要な自衛の措置」という部分を切り取って集団的自衛権が含まれると解釈し、「最高裁は集団的自衛権の行使を容認している」と詭弁を使ったのです。

恵庭事件と長沼ナイキ事件

当時、北海道でも戦争を放棄した九条にかかわる大きな事件が二つ起きています。一九六二年（昭和三七年）の恵庭事件、六九年（昭和四四年）の長沼ナイキ事件です。恵庭事件は当時の恵庭町（現恵庭市）の酪農家兄弟が、陸上自衛隊島松演習場から発する砲弾の轟音の影響で乳牛が乳を出さなくなったことに抗議し、電話通信線を切った刑事事件です。被告の農家は自衛隊法とそれによって認められる自衛隊は戦争を放棄した九条に違反しているとして、自衛隊の存在が合憲かどうか争われました。しかし裁判所は被告の農家に無罪を言い渡し、自衛隊の存在についての憲法判断は避けました。

長沼ナイキ事件は長沼町の航空自衛隊施設に「ナイキ地対空ミサイル基地」をつくることになり、それに反対する住民たちが行政訴訟を起こした事件です。住民らは森林法に基づいて国有林保安指定を解除した農林大臣の処分取り消しを求めました。七三年に札幌地裁で一審判決があり、住民の「平和的生存権」を認め、自衛隊は九条で認めていない陸海空軍に当たるとして違憲判決を出したのです。でも二審の札幌高裁では一審を破棄したのです。

それでも自衛隊は違憲だという一審での画期的な判決は、当時の新聞などに大きく取り上げられました。その時裁判長だった福島重雄さんが退官後に札幌での集会に参加されたことがあって、私もお会いしました。集会の参加者が「あの判決には勇気づけられた」と話しかけたら、「当たり前の判断を下しただけであって、ほめられるようなことをしたわけではありません」とおっしゃったことを覚えています。

せめぎ合いの中で生きてきた憲法

その後年代はずっと飛ぶのですが、二〇〇一年（平成一三年）は私が参議院議員になった年です。七月に参院選が終わった直後の九月一〇日に日本で初めて牛海綿状脳症（ＢＳＥ）の疑いのある牛が、千葉県白井市で発見されました。その牛が生まれたのは北海道の佐呂間町だったため、テレビ・新聞で大きく報じられました。すぐに行動しなければと思い、国会は閉会中でしたが、農林水産委員長に審議を求め、調査などの打ち合わせをしていた翌日の夜、テレビで映し出されたのがアメリカのニューヨークなどで起きた同時多発テロの衝撃的な映像でした。

この同時多発テロ直後に小泉政権はテロ対策特別措置法をつくり、二〇〇三年にイラク戦争が勃発すると、すぐさま外国から攻撃を受けた際に国の意思決定のあり方などを規定した武力攻撃事態対処法や改正自衛隊法などの有事関連三法を成立させました。

またイラク人道復興支援特別措置法もつくり、その年に自衛隊をイラクに派遣しました。自衛隊のイラク派遣は二〇〇九年まで続きましたが、小泉政権はアメリカが起こしたこの戦争をむやみに支持したのです。

二〇〇六年（平成一八年）には小泉政権から第一次安倍政権に変わりました。しかしその後福田康夫、麻生太郎と総理が替わり、二〇〇九年に政権が交代し民主党政権になるわけです。ところが二〇一二年末、自民党が政権を取り戻し第二次安倍政権となりました。安部総理はすぐさま憲法改正を規定した第九六条の改正方針を出しました。憲法改正をしやすくするため国会議員の発議要件を三分の二以上から二分の一以上に引き下げようとしたのです。しかし憲法学者で慶応大学の小林節名誉教授らが「裏口入学だ」などと批判し、国民からも支持を得られず、九六条の改正は取りやめました。

安倍総理はその後、二〇一三年には特定秘密保護法を強行採決で成立させ、二〇一四年は集団的自衛権の行使容認を七月一日の閣議で決めてしまいました。それまでの通常国会で何も議論せずに、です。そしてこの集団的自衛権が行使できる安全保障関連法案を出し、それに反対する国民運動が広がったのです。安倍政権はこの安保関連法案も二〇一五年の通常国会を九月まで延長した上で、特定秘密保護法の時と同じように強行採決で可決したのです。

駆け足で戦後の憲法を取り巻く状況を振り返りましたが、このように憲法は目まぐるしく変化する国際情勢と日本の政治情勢の間、そして国民の世論と運動の中でせめぎ合い、今日に生きてきたのではないかと思います。

私が共産党に入党した理由

こうした憲法を巡るせめぎ合いの中で、反戦平和と民主主義の旗を掲げてきた日本共産党の立場を簡単にお話しします。日本共産党は戦前の一九二二年（大正一一年）に創立されたので、かれこれ九四年になります。人間で言うと相当高齢になってきています。

戦前は天皇制の専制支配に反対し、人民の自由と権利の獲得を目指して活動しました。一九二五年（大正一四年）に治安維持法ができると、『蟹工船』や『党生活者』を著した小林多喜二さん（小樽高商出身）、戦前の指導的立場にあった野呂栄太郎さん（北海道出身）らが投獄されて、若くして命を奪われました。日本共産党は戦前から命がけでそれこそ主義主張を変えずに、主権在民の立場を貫いて闘い抜いた歴史があります。

私が共産党に入る決意をしたのも、日本が戦争に向かって突っ走り人民の自由がなくなり抑圧された時代でも、権力に対して命がけで闘ってきた人たちが大勢いたことに感銘を受けたからです。そういう歴史を経てきた政党は信頼できると思ったし、その政党の中で自分も力になりたい、国民のために努力することは頑張りがいがあると思って、これまでやってきました。

日本共産党の憲法に対する現在の考えは、前文から一〇三条にいたるまでの民主主義に根ざした精神を、政治活動を通じて実現していくことです。大まかには憲法の前文を含む全条項を守ること、国会を最高機関とする議会制民主主義を堅持すること、地方自治の確立、社会・経済的条件の変化に対応する人権の充実、民主主義の理念を生かした教育制度の確立、企業・団体献金の禁止と政党助成金の廃止、腐敗政治の根絶――などの一一の項目を掲げ、その実現に向けて行動しています。

それと今、生前退位がいろいろと議論されている天皇制ですが、一人の個人が世襲で国民統合の象徴となるという現行制度は、民主主義及び人間の平等の原則と両立するものではないと考えています。しかしながら今の天皇制は憲法上の制度でもあり、その存廃は将来情勢が熟したときに国民の総意によって解決されるべきものだとも考えます。国民の熟議と理解を得ないで変えるわけにはいきませんので、そういう立場に立って現行憲法を擁護する立場を取っています。

国家主義を打ち出す自民党改憲草案

自民党が二〇一二年（平成二四年）に発表した憲法改正草案の問題点を指摘したいと思います。大きな問題点の一つは、国家主義の復活です。草案の前文では「日本国は、長い歴史と固有の文化を持ち、国民統合の象徴である天皇を戴く国家」からいきなり始まります。主語は国で、国民でない。今の憲法の前文は「日本国民は」から始まっていますが、それが「日本国は」になっているのです。

第一条では、天皇を「日本国の元首」としています。元首とは、対外的に国を代表し国事行為の他に、公的な行為を認めます。「象徴天皇」からの復権を目指しています。第三条では、「国旗は日章旗とし、国歌は君が代とする」と明記し、国民に日の丸と君が代の尊重義務を課しています。第四条では、元号の制定を盛り込みました。

日本国憲法の原理は、国民主権、基本的人権の尊重、平和主義の三つですが、自民党の草案では、すべて否定、転覆している内容で、それこそ立憲主義に立っていません。立憲主義を簡単に言えば「憲法によって国民が権力の手を縛る」ことです。しかし、草案は国家が国民を縛るような内容で、国家と国民の立場が逆になっているのです。

今の憲法前文では不戦の誓い、主権在民、議会制民主主義、国際協調主義、平和的生存権などを明記していますが、自民党の草案ではこういう文言は一切使っておらず、すべて放棄しているのです。最も問題なのは侵略戦争の反省と不戦・平和の誓いがないということです。

そして「戦争の放棄」をうたった九条の項目を「安全保障」に変え、国防軍の創設を明記しました。九条一項にある「武力による威嚇又は武力の行使は、国際紛争を解決する手段としては、永久にこれを放棄する」の「永久にこれを放棄する」を「用いない」に変えて放棄を外してしまった。

また九条二項にある戦力の不保持と交戦権の否認は削除、代わりに自衛権行使を加えて、九条の二として国防軍創設を入れているのです。海外での武力行使の歯止めをなくし、世界中での武力行使を可能にする中身です。

自民党議員との議論の中でよく出てくるのは、「自衛隊は外国から見たら軍隊と一緒だ」という主張です。憲法上軍隊を持てない矛盾があるので、その矛盾をなくすために憲法を変えるべきだという話になるわけです。この論理は逆で、憲法に合わせて現実の矛盾点を変えるのが当たり前ではないでしょうか。それが九九条にある憲法尊重擁護義務で国政を担う国会議員の責任なのですが、彼らはそう思っていないようです。

基本的人権をないがしろにする改憲草案

それから基本的人権の尊重で言えば、「すべて国民は、個人として尊重される」という第一三条です。「幸福追求に対する国民の権利については、公共の福祉に反しない限り」、最大に尊重しなければならないと明記していますが、草案では「個人」から「個」を削除して「人」にしました。「個人として尊重」するのと「人として尊重」するのには、とても大きな隔たりがあります。個人には一人ひとりの人格や考え方、生き方などが含まれますが、人では単なる哺乳類としての生き物としての扱いになってしまうのです。そもそも個人として確保されなければならない人権が消されることにつながってしまいます。逆に「公共の福祉」の部分には「公益及び公の秩序」に変えています。この「公の秩序」を追加していることを見ても、個人よりも国家を優先させていることが如実に現れています。

二四条は「婚姻は、両性の合意のみに基いて成立」するとし、家族の中における両性の平等をうたっていますが、草案では「家族は、社会の自然かつ基礎的な単位として、尊重される」「家族は、互いに助け合わなければならない」という文言を付け加えました。家制度の概念を憲法の中に盛り込んできたのです。

こういう前近代的な中身の草案について、自民党の中で反論する議員はいなかったのかとも思うのです。安倍総理は参議院選挙ではこの草案については一言も触れず、アベノミクスの経済政策ばかりを訴えていたのに、選挙が終わった翌日のインタビューでは「わが党の案をベースにしてこれから国会の憲法審査会を動かしていきたい」と言ったわけです。

参院選挙の最大の争点だった憲法論議が少しも深まらなかったのは、安倍総理が国民受けの悪い改憲論議には口をつぐんでしまい、終わってから自ら乗り出して「憲法審査会を動かしたい」と前面に押し出していく手法はとんでもないと思います。

何よりも問題なのは、「基本的人権は侵すことのできない永久の権利」とうたっている九七条をまるごと削除していることです。

憲法審査会の問題点

その安倍政権が動かそうとする憲法審査会についてお話しします。そもそも憲法審査会とはどういうものかというと、その目的は、日本国憲法の改正原案や国民投票に関する法律案などを衆参の両議院で審査することとされています。通常の議案ですと、衆議院で議論し可決したら参議院に議案を送り、そこで議論をして法案が成立するという流れになっています。

しかし憲法審査会にはこの二院をまたいで議論を進める仕組みがあるのです。それは国会法一〇二条の八に出てくる「合同審査会」の存在です。合同というのは両議院をまたぐということで、衆参の両議院で時間をかけて議論をするのではなく、両議院の審査会が合同で委員会を開いて、そこで決めた改正内容を両院に提出することもあり得るのです。そういう意味では、この憲法審査会の進め方によっては非常に危険な要素が含まれていることを覚えておいてほしいと思います。

私たち日本共産党は、憲法改正を発議する憲法審査会は国民が望んでいるものではないので、動かすべきではないとの立場です。その上で自民党の草案をベースにした審議は論外だと強く批判しております。草案は海外への無制限の武力行使につながり、国民の基本的人権を抑圧し、立憲主義を全面的に否定している中身です。憲法と呼べる内容ではまったくないのです。

野党四党にはそれぞれ憲法に対する考え方がありますが、自民党の草案を許さないという点では一致できるのです。野党四党は安倍政権の下での憲法改悪には反対していこうと一致しています。この一致点で九月からの臨時国会でも共闘していこうと協議を進めているところです。

破綻しているアベノミクス

（二〇一六年）九月二六日から臨時国会が開かれましたが、安倍総理はこの国会を「アベノミクス加速国会」だと位置づけています。そのアベノミクスの成長戦略の要となっているＴＰＰの承認案と関連法案が最も大きな議案で、安倍総理は早期成立に全力を挙げる考えを示しています。もう一つが二八兆円規模という今までにない大規模な経済政策を中心とした第二次補正予算案です。これにはＴＰＰ対策である農業関連予算が含まれています。

しかし二八兆円もの大規模な補正予算を組まなければならないこと自体、アベノミクスがうまくいっていない、破綻している表れです。「アベノミクスが好循環をもたらしている」と口では言っても、好循環があればこんな巨額な補正予算を組む必要はないのですから、やはりアベノミクスは終わっているといってよいでしょう。

その補正の中身を見ると「未来への投資」とあります。未来への投資は何かというと、例えばリニア新幹線の建設とか、大型クルーザーを受け入れる港の開発とか、こういったところに相当規模で予算を取っているのです。リニア新幹線などはトンネルばかりでその土砂の処理をどうするのか、湧き出る地下水の処理をどうするのかといった環境問題にも直結する問題です。さらにリニア新幹線は莫大な電気を必要としますから、原発を温存していきたい安倍政権としては原発再稼働のよい口実になります。

その一方で、社会保障についてはこれまた軒並み国民負担が増えていくのが明らかです。年金も介護も医療も、どの分野も国民に負担を押し付けていく今の安倍政権の姿勢は問題がありすぎるので、こんな補正予算案には到底賛成することはできないと思っています。

ＴＰＰに後ろ向きなアメリカ、前向きな日本

ＴＰＰで国際的な状況を見ますと、一一月にアメリカ次期大統領が決まります。クリントンさんが優勢のようですが、トランプさんが勝つという情報もあり情勢は混沌としているようです。いずれにしてもこの大統領候補の二人ともがＴＰＰに反対しています。一二カ国がＴＰＰに大筋合意をしていますが、どの国もまだ国内で批准していません。アメリカ大統領選の最中なので様子を見ているのですね。

ただ二人の反対の立ち位置は少し異なるようです。クリントンさんはもともと強く反対は言っていなかったのです。けれども民主党の候補者選びの中でバーニー・サンダースさんが強力にＴＰＰ反対を訴え、民主党の中で支持を集めました。

サンダースさんの支持層は労働組合や貧困層、それに若者たちでした。アメリカでの格差は深刻で数年前にはウォール街で「私たちが九九パーセントだ」と一パーセントの富裕層に対する大規模なデモも繰り広げられました。

わずかな富裕層のために大勢の庶民が犠牲にされる世の中ではだめだと実感している若者たちが、サンダースさんをどんどん押し上げ、支持が広がっていきました。サンダースさんはＴＰＰは絶対だめだと訴え続けました。なぜかというと、やはりこの協定は不平等だと。協定を結ぶとますます国内での格差が広がると主張したのです。

アメリカは一九九二年（平成四年）にカナダとメキシコとの三カ国で、北米自由貿易協定（ＮＡＦＴＡ）という条約を結びました。

このＮＡＦＴＡを結ぶ際、アメリカ政府は国内の雇用が飛躍的に増えると国民に説明しました。ところが実際には締結後、増えるどころかメキシコからの移民がどんどんアメリカ国内に入って、アメリカ人の雇用の場を奪っていったのです。メキシコからの安い労働力のために、アメリカ人の雇用が失われて一〇〇万人も失業したと言われています。

ＮＡＦＴＡのために貧困と格差は広がって、何もアメリカのためになっていないとの経験があるのです。サンダースさんは「また同じ過ちを繰り返すのか」とＴＰＰに反対姿勢を貫いてきたのです。民主党支持者の労働者もただでさえ安い賃金がさらに下げられるのではと不安になり、ＴＰＰに反対するサンダースさんへの支持に傾いていったのです。そのような状況で、クリントンさんはこのままだったらサンダースさんに負けるかもしれないと思って、彼が掲げてきた主張を取り入れて、反対の姿勢を取るようになったのです。

一方、トランプさんのＴＰＰ反対の主張はちょっと違います。ストレートに「ＴＰＰは国益にならない」と。日本とアメリカの関係で言うと、日本に対して相当緩すぎる協定だと見ています。例外なき関税撤廃を目指した協定ですが、トランプさんはまだ例外措置が残されていることも含めて批判しているのです。このままの協定内容だったらアメリカの利益にならないし、むしろ不利益になると主張しています。アメリカ国内のグローバルな多国籍企業がもっと利益を上げるためのＴＰＰに作り替えるべきだと。

今までＴＰＰ交渉を引っ張ってきたアメリカがどういう状況になるかがまったく見えない中、交渉参加国はすべて様子見をしているところです。そういう中で問題は日本なのです。安倍総理が何と言っているか。「どこもやらなくても日本が先にやるのだ」「日本が真っ先に批准することが、アメリカをはじめ他の国々の批准の動きを促していける」。そういうことを言っているわけです。〔編注―二〇一七年一月、アメリカにトランプ政権が誕生しＴＰＰからの離脱、ＮＡＦＴＡの見直しを表明した。〕

野党四党で一五法案を共同提出

最後に野党共闘についてお話ししましょう。民進、自由、社民、共産の野党四党にはそれぞれの考えの違いはありますが、やはり今の安倍政権の暴走政治をとにかく止めることで一致する。具体的には立憲主義を取り戻す、安保関連法を廃止する、また基本となる民主的ルールを守って議会運営をしていく。そういうところで一致して国会の中でその勢力を強めていくことが大事です。

一〇月二三日には衆院東京一〇区と福岡六区で補欠選挙があります。どちらの選挙区も共産党は公認候補を取り下げて、民進党に野党候補を一本化してたたかうことに決まりました。一六日の新潟県知事選でも野党候補を共産、社民、自由の三党が推しています。自民党からは原発推進派の候補が出ていますが、これまでの知事のように再稼働に慎重な候補を知事に押し上げようと野党で話し合いを続けているところです。〔編注―結果は野党が推した米山隆一候補が当選した。〕

今年（二〇一六年）の通常国会でも野党四党そろって一五本もの法案を共同提出しました。衆院では戦争法廃止法案や保育扶養手当法の改正案、参院では法人税法改正案や社会保障、子育て、雇用、男女平等など幅広い分野にわたって野党四党が足並みをそろえて、自公政権に立ち向かいました。これからもいろいろと紆余曲折はあるかと思いますが、絶対に諦めないという思いでいます。

七月の参院選挙ではＴＰＰに対する危機感から東北、北海道などで野党統一候補が勝利したと申し上げましたが、与党側は先の通常国会で既に審議を重ねてきていたので、この臨時国会でＴＰＰ承認案と関連法案の成立を目指しています。

協定の中身については問題点だらけで医療・保険の分野、中小企業の雇用、公共事業への外資の参入、遺伝子組み換え作物などの食の安全など、国民に直接関わるテーマばかりです。危険な中身が国民に知れ渡るように国会では論戦していきたいと思っています。

ただ与党側は過半数を超えているので、その気になったらさっさと審議を打ち切って採決する可能性も十分あります。そうさせないための世論を市民の皆さんとつくり上げていきたい。私のところには全国からＴＰＰに関するシンポジウムや学習会への出席依頼がきています。近々高知や香川にもお邪魔します。

市民が国会議員を動かす

地方の段階で言うと、中央よりも野党との連携や共闘は話が進んでいて、例えばここの地域は日本共産党、こっちは社民党、あちらは民進党の候補というように、地域でどんどん進展しています。

そのような地方での動きを生かしながら何で野党四党は共闘するのかというと、やはり平和を壊す戦争法を廃止する、地方を壊すＴＰＰを批准しない、そういう大きな柱をとらえながら進めていることを知ってほしいと思います。

国会議員は、政党を問わず次の選挙のことを考えています。だから選挙区の有権者からの声や働きかけは、議員にとってはものすごい圧力になるのです。国会の向かいの議員会館にもどんどん請願署名を届けてきたり、各政党回りをしたりする地域の団体があります。

だから皆さんの住んでいる地域や選挙区で、政党や議員事務所に直接言って申し入れすることも議員を動かす一つの行動だと思います。地味ですが署名をたくさん集めて議員に届けて話し合うことはすごく大事なことです。選挙区の有権者が何に関心を持ち、何を問題にしているのか、署名を受け取った議員が理解を深めることが力になります。そういう積み重ねを続けていくことも、とても大切な行動なのです。


（二〇一六年一〇月八日）

暮らしの中から
憲法をもう一度見直そう

社民党参議院議員
福島みずほ

「日本を取り戻す」に違和感

自民党のポスターに「日本を取り戻す」というキャッチフレーズがありますが、アメリカの大統領選挙でヒラリー・クリントンさんに勝ったドナルド・トランプさんのキャッチフレーズも「偉大なアメリカを取り戻す」なのです。とても似ていますね。安倍さんのキャッチフレーズには「景気回復、この道しかない。」もあります。「この道をまっしぐらに突き進んで戦前の日本を取り戻す」のでしょうか。そんな戦前の神風特攻のような一億総火の玉になって「日本、頑張れ」みたいなメンタリティーの中で、「日本を取り戻す」という言葉にはものすごく違和感があると思っていました。

そこで「偉大なアメリカを取り戻す」トランプさんが新大統領です。そんなアメリカと同盟を結んでいる日本ですが、アメリカとは一緒に世界で戦争をしないぞ、トランプさんの言いなりに世界で戦争をしたら大変なことになるぞと、私たち一人ひとり目を覚まし、もっと力強く日本が自立していかないといけないと思っています。

トランプさんは選挙戦で、日本に対しては核武装を求め、かつ日本のアメリカ軍の駐留費を増額しろと訴えていました。「払えなければ撤退するぞ」と暴力団のように「みかじめ料をもっと出せ」ということなのでしょうね。日本が「はい、分かりました。出て行ってください」と言えるならそれが一番いいと思いますし、アメリカ軍の駐留なき日米安全保障体制で結構ではないかと私自身は思っています。

憲法違反の「駆けつけ警護」

稲田朋美防衛大臣は「日本政府は十分な駐留費を払っている」と言っていますが、トランプさんの無理難題につき合わされて振り回されることのないようしっかりと対応してほしいと思っています。

その稲田さんは南スーダンの国連平和維持活動（PKO）で、駆けつけ警護などの任務を追加された自衛隊員を派遣します。南スーダンではキール大統領派の政府軍とマシャール前副大統領派の反政府軍の間で内戦状態が続き、七月には首都・ジュバでも戦闘行為がありました。

朝日新聞は国連派遣軍と政府軍の間で戦闘行為があったと報道していました。これが事実であれば、自衛隊は撤退しなければならない。PKOに参加するには五原則があって、紛争当事者間で停戦合意が成立していなければなりません。それが崩壊している状態ですからアメリカもEUも撤退をしているわけです。自衛隊も今こそ撤退すべきです。ましてや駆けつけ警護をしてはならない。戦闘に巻き込まれて自衛隊員の命が危険にさらされる可能性が出てきます。

そもそも「駆けつけ警護」という言葉も変なのです。二〇〇三年（平成一五年）に始まったイラク戦争の時、ひげの隊長だった佐藤正久さん、今は自民党の参議院議員ですが、彼が自衛隊にいて「自分たちが駆けつけて応援する。戦闘に巻き込まれないようにしながら武器を使用すればいい」と発言したので、私は本当に驚いて、二〇〇七年（平成一九年）に参議院の代表質問で「駆けつけ警護はできるのか、違法ではないか」と、政府に質したのです。

その時の福田首相の答弁は「駆けつけ警護は違法なのでできない」でした。二〇一五年九月に安保関連法、いわゆる戦争法が成立するまでは駆けつけ警護は違法だったわけですから、憲法違反の安保関連法に基づく駆けつけ警護は本当にやるべきではない。そう思っています。

私は二〇一六年（平成二八年）一〇月一一日、稲田朋美防衛大臣に参議院予算委員会でこう質問しました。「稲田さんはある集まりで、『国民一人ひとり、皆さん方一人ひとりが、自分の国は自分で守る、そして自分の国を守るためには血を流す覚悟をしなければならない』と言っているがその通りですか」と。稲田さんは「私自身の覚悟を示したものです」と言うので、「自分の覚悟でなくて、『皆さん方一人ひとりが』って言っているではないか」とたたみかけました。

私が防衛大臣に質したのは、戦死者を出さないというその気持ちを共有してもらえるか、ということなのです。もちろん防衛大臣が「戦死者を出しても構わない」などと言うわけがないので、「隊員の安全確保を全力で守り抜く、その覚悟です」と答弁しました。なぜそのような答弁を防衛大臣から引き出したのかというと、「安保関連法に反対するママの会」のスローガンに「だれの　子どもも　ころさせない」というのがあって、これを本当に続けていかなくてはいけないからです。

もし自衛隊から戦死者が出たら

日本の戦後は天皇が玉音放送をした一九四五年（昭和二〇年）八月一五日からと言われています。戦前の日本が統治していた南洋諸島では知らされなかったりとか、その日以降もソ連軍が千島列島に侵攻したりとか、沖縄では八月一五日ではないとか、いろいろありますが、日本ではこの八月一五日から戦後が始まったと言われています。

でもアメリカには戦後という言葉がない、と聞いたことがあります。確かに第二次大戦後も朝鮮戦争、ベトナム戦争、湾岸戦争、アフガン戦争、イラク戦争もどれが戦後なのかと言えないというのです。日本では戦後、戦闘による死者は一人も出していません。もし日本で戦死者が出たら、日本の社会が一変してしまうのではないかと危惧しています。

一九四〇年（昭和一五年）の帝国議会で立憲民政党の斎藤隆夫が、満州事変を起こして日中戦争に突き進む軍部を批判しました。「聖戦の美名に隠れて国民的な犠牲を放置している」「これ以上の国民的な多大な犠牲を出さないためにも日本軍を撤退すべきだ」と。有名な反戦演説です。彼は一九二八年（昭和三年）、政府が治安維持法を改正して死刑制度を入れようとした時も、「死刑を取り入れるべきではない」と演説しているのです。

斎藤隆夫が政府と軍部を厳しく糾弾した反戦演説は、陸軍から圧力がかかり議長が議事録から削除し、また党からも除名処分を受けます。これは議会の自殺行為に他なりませんが、戦争に反対する声を上げること自体が封じ込まれるような時代でした。

もし「駆けつけ警護」などで自衛隊員から戦死者が出て、「この派遣は間違っていた」と言ったら、「お前はこの死を犬死と言うのか」「今の若者が命がけで戦っているときに間違っていたと言うのか」「お前はこの死をおとしめるのか」。そういう状況が起きてしまうのではないか。それを危惧するのです。

「駆けつけ警護」を追加した自衛隊派遣がよかったのか悪かったのか、しっかりと議論ができる環境にあるのだろうか。死者が出ると環境は一変してしまうのではないか。日本は戦後七〇年、戦場で人を殺さなかった。その戦後を一〇〇年、二〇〇年と続けなくてはいけないのです。その意味では今が本当にぎりぎりの瀬戸際だと思っています。

自民党から発言の削除要求

私は二〇一五年（平成二七年）四月の国会で安保関連法について安倍総理に質問した際、「これから十数本のたくさんの戦争法案が出てきます」と言ったのです。すると総理が「戦争法案というレッテル張りは議論を矮小化するもので、断固甘受できない」と反論してきました。また私が「景気がよくなった、有効求人倍率は上がったと都合のいい数字ばかり取り上げるが、実質賃金は下がる、非正規雇用は増える、貧困率は過去最大じゃないか。実際には格差が拡大し貧困は増えている。データがそれをはっきりと表している。総理は鉄面皮だ」と言ったら、今度は自民党から「先ほどの福島みずほさんの発言に不適切と認められるような言辞があったので、後刻、理事会で処置します」と言われたのです。

そして自民党から戦争法案と鉄面皮という言葉が不適切だとして削除要求を受けました。「はあ？」という感じですよね。本当のことを言うと削除要求されるのか。それで嫌だと言い続けました。私は気が強くてよかったと思いましたが、嫌だと言い続けたら議事録にはそのまま載りました。

でも、今の自民党の傲慢さ加減はあまりにもひどい。鉄面皮という言葉は戦後の国会で何十回と使われています。調べたら一九六七年（昭和四二年）、社会党の国会議員が自民党のことを、うそつき、詐欺師、ペテン師などを並べ上げて、「これを全部、合算したのが自民党だ」と攻撃しているのです。こうやってちゃんちゃんばらばらやっているのに、これでも削除要求は受けていないのです。私は今度、これらの言葉を並べて言ってみようかと思っているのですが、こういう言葉すら削除要求するというのは本当に傲慢です。

　権力者って批判されて何ぼ、批判されるのが権力者なんです。権力は増長し、傲慢になり暴走するから、国会もメディアも監視しなくてはいけない。今だって暴走しているわけで、安倍総理は何か、いじめられっ子が「僕の悪口を言わないでくれない？」というメンタリティーなのですね。

　安倍総理は批判されるのを極端に嫌がります。だからメディアにも野党にも恫喝する。自民党の中にも逆らう議員がいない。環太平洋連携協定（ＴＰＰ）も自民党は野党時代に反対していたわけですから、反逆者が出ていいと思うのですが出てきません。防衛大臣の稲田さんも野党の時に「ＴＰＰは行き先の分からないバスに乗って、終着駅は日本文明の墓場に行くようなものだ」と言っていたわけです。「自分の信念を貫きなさいよ」って言ってやりたい。

　安倍総理は臨時国会の中で「自民党は結党以来、強行採決をすることを考えたことがない」と言いました。じゃあ特定秘密保護法や安保関連法の強行採決は何だったのだろうと思います。山本有二農水大臣が、ＴＰＰ承認案と関連法案を「強行採決するかどうかは、佐藤さん（衆議院議院運営委員会委員長）が決める」と言って謝罪して、その発言を撤回しました。その舌の根も乾かぬうちに今度は、「冗談で強行採決と言ったら首になりそうになった」とパーティーで言いました。

　でも一一月一〇日、衆議院の本会議で強行採決されてしまいました。自民党の人たちは何なんだと思います。ＴＰＰからの離脱を公約に掲げていたトランプさんがアメリカの大統領になるのだから、日本だけが先走って承認案を可決する必要はまったくない。そういう世論を盛り上げて、ＴＰＰを本当に阻止していきたい。野党の国会議員は、数の論理に負けてはいけない。数の論理だけで法案を通していったら、どんな悪法だって通ってしまいます。

国民を縛る自民党の改憲草案

安倍政権が憲法改正に向けてどんな戦略で攻めてくるのか、また自民党が二〇一二年（平成二四年）に発表した日本国憲法改正草案（以下、改憲草案）の問題点は何かについてお話しします。振り込め詐欺も、それと気がつかないとだまされてしまう場合があります。振り込め詐欺防止キャンペーンを展開して多くの人たちがだまされないようにすれば、これは振り込め詐欺だなと気がつくのです。ですから安倍政権がどんな戦略でやってくるのかという相手の手の内を共有し、「憲法改悪にご用心」というキャンペーンを張っていきたいと思っています。

自民党の改憲草案は、憲法とは名づけてはいますが内容は憲法ではありません。では一体何なのか。ご存じの通り、憲法は国家権力を縛るものです。歴史の勉強で「ひとにひとごとマグナ・カルタ」と覚えた方もいるでしょう。一二一五年、王に対して貴族たちが勝手に課税するなと言ったわけです。権力者が反逆者を殺したいとか、批判的な新聞を発禁にしたいとか、政権に反対する政治家は投獄したいと思っても、そういうことはできませんよ、と権力者を縛るのが憲法なのです。

ドイツの行政裁判所の玄関にはライオンの像があります。そのライオンには鎖がかけられています。権力が暴れまわらないように鎖をしっかりかけることを表現しているのです。しかし自民党の改憲草案は国民を縛るものになっています。ですから国家と個人の関係を一八〇度ひっくり返して、国家が個人に命令する、義務を課す内容になっているのです。「説教たれたれ憲法」って感じですよね。

国家主義を打ち出す「前文」

自民党の改憲草案の前文は「日本国は、長い歴史と固有の文化を持ち、国民統合の象徴である天皇を戴く国家であって、国民主権の下、立法、行政及び司法の三権分離に基づいて統治される」で始まります。「長い歴史と固有の文化」を持ち出すなんて、つまりは日本が一番ということを言いたいのでしょうか。

私は以前、稲田朋美さんの発言をずっとチェックしていたのですが、その中に「日本の国のみ、道義国家たり得る」という発言がありました。その理由は「皇紀二五〇〇年、皇室をいただく」から、日本のみが道義国家たり得ると言っているのです。これは皇国史観です。皇紀二五〇〇年って史実に反するではないかと思うのですが、まさに皇国史観です。だから自民党の改憲草案でも「日本国は長い歴史と固有の文化を持ち、国民統合の象徴である天皇を戴く国家」となるのでしょう。

「改憲草案Q＆A」は、自民党のホームページで見ることができますが、もうびっくり仰天です。そこには「人は生まれながらにして平等である」という天賦人権論には立たないとはっきりと書いてあるのです。フランス人権宣言も、アメリカ独立宣言も、アメリカ合衆国憲法も天賦人権論に立っていますが、自民党の皆さんはどうも違うようなのです。だから国民でなく国家・日本が一番、長い歴史と固有の文化を持つ日本を取り戻すことにつながってくるのです。

さらに改憲草案の前文では「日本国民は、国と郷土を誇りと気概を持って自ら守り、基本的人権を尊重するとともに、和を尊《たっと》び、家族や社会全体が互いに助け合って国家を形成する」と続けています。和を尊びとは異議申し立てをするな、批判が度を過ぎている、批判は慎んでもらいたいという、安倍総理の世界ですね。

さらに続けて読むと「我々は、自由と規律を重んじ、美しい国土と自然環境を守りつつ、教育や科学技術を振興し、活力ある経済活動を通じて国を成長させる」とあります。「経済活動を通じて国を成長させる」ってアベノミクスか、という感じです。最後に「日本国民は、良き伝統と我々の国家を末永く子孫に継承するため、ここに、この憲法を制定する」で締めくくっています。

はてな？　という感じです。個人を尊重する基本的人権や戦争を放棄した平和主義はないですよ。良き伝統と我々の国家を末永く子孫に継承するためにこの憲法を制定するのは、まさしく国家主義でしょう。

しかも、先ほど「説教たれたれ憲法」と言いましたが、改憲草案は国民にたくさんの義務を課しています。前文でも日本国民に「国と郷土を誇りと気概を持って、自ら守」らせるのです。

自民党による自民党のための憲法へ

二〇一五年九月の国会で、私は安倍総理に「あなたの上に憲法があるのであって、あなたの下に憲法があるのではない。憲法を守りなさい」と質問をしたことがあります。あなたの上に憲法があるということを法学部出身の安倍総理に説明しなくてはいけないということ自体がひどい状態なのです。

ところが自民党の改憲草案では憲法尊重擁護義務として「全て国民は、この憲法を尊重しなければならない」という一文を入れているのです。そして「天皇と摂政」はなぜかこの尊重擁護義務から外れているのです。自民党の改憲草案では「国民が憲法を守れ」と言っているのです。

こんなのは憲法ではないです。国民が憲法を守らなくてはいけないのではなくて、権力が守らなくてはいけない。ここが今の憲法と自民党の改憲草案との大きな違いで、勘違いもはなはだしい。憲法を勉強し直してこい、という感じです。この改憲草案は自分たちのための憲法であって、自民党の自民党による自民党のための憲法、僕ちゃんの僕ちゃんによる僕ちゃんのための憲法、憲法もどきでまったくおかしな話です。

憲法一三条に「すべて国民は、個人として尊重される」とあります。いい条文ですね。個人として尊重されるとは、家柄でもない、出自でもない、個人が個人としてリスペクトされる、尊敬される、尊重されるという条文です。

しかし自民党は個人が大嫌いなのですね。改憲草案ではこの条文を「全て国民は、人として尊重される」と個人をただ単に「人」に変えているのです。一人ひとりだれでもが、かけがえのないそれぞれの個人として尊重されるべきなのに、この「人」では単なる生き物としての扱いにしか過ぎません。

「個人」よりも「国家」を尊重

一三条との関係では、二四条があります。ここでは「両性の平等」をうたっている条文で、私の大好きな規定です。「婚姻は、両性の合意のみに基いて成立し、夫婦が同等の権利を有することを基本として、相互の協力により、維持されなければならない」とあります。

家族における個人の尊厳と両性の本質的な平等を定めています。憲法はその国の最高法規ですから、憲法が変わると下位の法律もがらっと変わります。明治憲法から今の憲法に変わって、いろいろな法律が全面改正されました。戦前の家制度をはじめとする男女の不平等を残した法律は、二四条ができたために改正されたのです。

戦前の民法では、妻は婚姻において夫の家に入ると規定されていました。いわゆる「家制度」で、家と家との結婚です。明治の民法では「妻ハ婚姻ニ因リテ夫ノ家ニ入ル」と規定されていました。でも今は両性の合意のみによって婚姻が成立するとなっています。でも戦前は違いました。妻は無能力者だと暗に書いてあったのです。財産の所有権もなければ民事上の裁判も起こせなかったのです。まるで子ども扱いなのです。だから結婚には親の同意が必要で、親権も持てなかった。相続は家督相続制で長男しか原則として相続できなかったのです。

この二四条ができたので、法律が全面的に男女平等に変わっていくわけです。しかしその二四条を変えたいというのが自民党の改憲草案です。草案の二四条には「婚姻は両性の合意に基づいて成立」するという条文の前に、「家族は、社会の自然かつ基礎的な単位として、尊重される。家族は、互いに助け合わなければならない」と付け加えました。さらっと聞いたら目くじらを立てるような条文ではないと思うかもしれないのですが、この条文では家族を「基礎的な単位」と位置づけているのです。一三条にある個人ではないのです。

二〇一五年、義務教育の現場では道徳が教科化されました。私は教科化される以前の道徳の副読本をせっせと読んだのですが、やはり家族を愛する、郷土を愛する、国を愛するという表現が出てきます。そこでは家庭内暴力や児童虐待などは全然語られない。離婚したシングルマザーの家族も、私が読んだ副読本では出てきませんでした。障がいのある子どもや問題を抱える家族の話も出てこないのです。おじいちゃん、おばあちゃんがいて、お父さん、お母さんがいて私がいて、お姉ちゃんがいてみたいな大家族が出てきて、家族が互いに助け合うような姿なのです。今の日本における家族の実像が全然見えていないのです。

安倍政権になって、社会保障費がどんどん削られ、生活保護費も引き下げられています。高齢化が進んでいく中で家族が互いに助け合わなければならないから、お年寄りの介護は家庭で面倒を見ろという話です。これでは老老介護で家族は共倒れになってしまいます。

何が言いたいかというと、個人でなくて家族、個人でなくて国家を尊重する。個人と国家の関係を逆転させていく考えが二四条の中にも表れています。今は保守派の議員たちが議員立法で家庭教育支援法案を出そうとしていますが、その法案の中身も親や家族の役割などを強調しているのです。家庭生活の中で個の尊厳をうたう二四条を改正する布石と見ていいでしょう。

二四条に託したベアテさんの思い

二四条の提案者だったベアテ・シロタ・ゴードンさんという女性をご存知の方も大勢いらっしゃると思います。もうお亡くなりになりましたが、生前に私も何度かお会いしましたし、記録映画『ベアテの贈りもの』（二〇〇四年）という映画もあります。二〇〇〇年（平成一二年）には参議院の憲法調査会に参考人として出席されて発言もしました。

ウクライナのユダヤ人音楽家を父に持つベアテさんはウィーンで生まれ、五歳の時に家族で日本にやってきました。「赤とんぼ」などの童謡で有名な作曲家山田耕筰さんに招かれて、父は大学で音楽など教えていました。日本で一〇年暮らしたベアテさんは日本語もしゃべれるし、日本の女性が家制度の中で置かれた立場をよく理解していました。ですから男女が平等であるという二四条をつくりたいと思っていたわけです。

父がユダヤ人ということもあり、身内がアウシュビッツで殺されているのです。そんな経歴のベアテさんが日本国憲法の中の人権条項の草案にかかわっているのです。大量虐殺やホロコーストや排外主義や戦争をなくそうという「人類の多年にわたる自由獲得の努力の成果」が、九七条に書かれている「侵すことのできない永久の権利」である基本的人権なのです。そういう思いを自民党の改憲草案はばっさり削除したのです。この憲法は日本国民のものだけれども、歴史上の成果物として本当に大事にしていきたいと考えていますし、二四条を提案したベアテさんともその思いを共有したいと思っています。

ところで前述の通り二〇〇〇年に参議院の憲法調査会に参考人として出席したベアテさんは、自民党がよく言う「押しつけ憲法論」をこっぱみじんに論破しました。その時のベアテさんの主張はこうでした。

「日本の憲法はアメリカの憲法より素晴らしい憲法ですから、日本の国民に押し付けられたというのは正しくありません。この憲法は国民の抑えつけられていた意思を表したので、国民に喜ばれました。（中略）日本は歴史的に昔からいろいろな国からよいものを輸入してきました。漢字、仏教、陶器、雅楽などで、それを自分たちのものにしてきました。だから他の国から憲法を受けたとしても、いい憲法であればそれでいいと思います。だれが書いたかはまったく意味がありません。（中略）私はこの憲法が本当に世界のモデルになるような憲法であるから、改正されなかったのだと思います。日本はこの素晴らしい憲法を他の国々に教えなければなりません」

ベアテさんの発言後、自民党内の押しつけ憲法論はトーンダウンしたと思っています。もし機会があれば、憲法調査会での彼女の発言を読んだり映画をご覧になったりしていただきたいと思います。

九条で国防軍を設置

現憲法の「戦争の放棄」を明記した九条の改悪についてお話しします。自民党は「九条第一項は変えません」と言っていますが、改憲草案で九条の二という条文を新たに付け加えています。それは国防軍です。

九条に「二」の条文を加えて「我が国の平和と独立並びに国及び国民の安全を確保するため、内閣総理大臣を最高指揮官とする国防軍を保持する」と規定しました。続けて二の条文の②で「国防軍は前項の規定による任務を遂行する際は、法律の定めるところにより、国会の承認その他の統制に服する」としています。あたかも国会の承認に服するような書き方ですが、事後か事前かは書いていません。しかも必ず国会の承認を経なければならないとも書かれていません。

「その他の統制に服する」となっていますから、事後に国会へ報告することでも足りるかもしれないのです。つまりは国防軍が海外で戦争をしようとした時、国会の事前承認なんか要らないと言っているのと同じなのです。

こういう規定の仕方が問題で危険です。国防軍は国会の事前承認なしで世界中で戦争をし、事後に国会へ報告することで済まされてしまう。政府が国防軍を派遣する時に誰も止められなくなってしまうのです。

アメリカは一応、建前上は海外で戦争をする時に連邦議会の承認を要件としています。だから湾岸戦争の時にはバーニー・サンダースさんや民主党議員らが反対し、同時多発テロ後のアフガニスタンに対する武力行使の時には民主党のバーバラ・リーさんがただ一人反対したように、連邦議会で反対の意思表示ができるのです。

戦争が憲法違反でなくなる

二項の③で「国防軍は、第一項に規定する任務を遂行するための活動のほか、法律の定めるところにより、国際社会の平和と安全を確保するために国際的に協調して行われる活動及び公の秩序を維持し、又は国民の生命若しくは自由を守るための活動を行うことができる」。

④で「国防軍の組織、統制及び機密の保持に関する事項は、法律で定める」、⑤で「国防軍に属する軍人その他の公務員がその職務の実施に伴う罪又は国防軍の機密に関する罪を犯した場合の裁判を行うため、法律の定めるところにより、国防軍に審判所を置く」とあります。軍法会議が置かれるわけです。裁判官と検察官と弁護人が軍人の軍事法廷です。私は二〇〇六年（平成一八年）に上官から暴行・わいせつ行為を受けた札幌の女性自衛官の裁判に関わったことがあります。二〇一〇年に女性自衛官が全面勝訴したのですが、こういった事案が軍法会議できちんと裁かれるだろうかと疑問に思うわけです。

⑤までの追加された項目を見ても分かるように、草案では陸軍、海軍、空軍となった国防軍が世界中で戦争ができるようになるのです。戦争に対する憲法違反という概念がなくなってしまうのです。

一九六〇年（昭和三五年）の安保闘争の時、安倍総理のおじいさんの岸信介さんが首相でしたが、デモ隊に自衛隊を出そうとしたのです。でも当時の赤城宗徳防衛庁長官が首を縦に振らずあきらめたのです。フィリピンをはじめ軍隊を持つ国は、実は外国で人を殺すよりも、国内の治安出動で人が死ぬケースが多いと言われています。国防軍が私たちの表現の一つでもあるデモの警備に出動してくることになるのです。

内閣だけで法律がつくれる危険な「緊急事態」条項

改憲草案の中の九八、九九条に「緊急事態」条項が出てきます。私は二〇一六年一月の予算委員会で安倍総理に対し、この緊急事態条項について「ナチス・ドイツの国家授権法とまったく同じだ。これを許すわけにはいかない」と強く訴えました。それはこの条項が、内閣だけの判断で法律と同じ効力を持つ政令をつくることができるとんでもない条項だからです。

国会は唯一の立法機関です。国会は主権者である国民から選ばれた唯一の機関ですから、国会でしか法律はつくれません。憲法四一条で「国会は、国権の最高機関であって、国の唯一の立法機関」と位置づけられています。ですから国会でしか基本的人権を制限する法律はつくれないのです。

でも九九条には「内閣は法律と同一の効力を有する政令を制定することができる」と書かれています。だから内閣だけで実質的な法律もつくれるし、基本的人権を制限できるようになってしまうのです。

九九条では続けて「内閣総理大臣は財政上必要な支出その他の処分を行い、地方自治体の長に対して必要な指示をすることができる」ように定めています。国会から立法権と予算修正権を取り上げて、地方自治体の首長に勝手に指示が出せるようになることを意味するのです。

ナチス・ドイツは国家授権法で、内閣だけで基本的人権を制限できるようにしたため、ユダヤ人への虐殺という暴虐の限りを尽くす事態へと続いていったのです。

このユダヤ人虐殺とからめて緊急事態条項について安倍総理に質問したら、彼は「限度を越えた批判があった。そうした批判を慎んでいただきたい」と反論したのです。この時には私は本当に驚いてしまった。野党の国会議員の質問に対して、批判が度を過ぎているって、批判を慎んでもらいたいって、この人、いったい何様って感じ。「僕ちゃんの悪口を言わないでほしい」ということなんですね。

未来永劫続くかもしれない緊急事態

九八条では「内閣総理大臣は、我が国に対する外部からの武力攻撃、内乱等による社会秩序の混乱、地震等による大規模な自然災害その他の法律で定める緊急事態において、特に必要があると認めるときは、法律の定めるところにより、閣議にかけて、緊急事態の宣言を発することができる」と書かれています。

この「緊急事態の宣言」に対し、震災を経験した福島県弁護士会も兵庫県弁護士会も、「この宣言条項で国が命令したら、現場はむしろ大変な事態になる」と主張し、自治体の自由を認めるように声明を出しています。どちらの弁護士会も憲法に「緊急事態」の条項がなくても問題はなんら生じていないと言っています。

内閣の閣議だけで法律を実質的につくってしまい、内閣総理大臣が「地方自治体の長に対して必要な指示をすることができる」ようになれば、国と地方自治体の対等な関係を壊し、地方分権の破壊につながります。

さらに九八条二項では「緊急事態の宣言は、法律の定めるところにより、事前又は事後に国会の承認を得なければならない」と書かれています。これは事前でなくても事後承認でいいということです。やり得という感じです。

しかも国会の承認を得なかった場合の緊急事態宣言条項の効力については何も規定がありません。戦前の明治憲法ですら緊急令が承認を得られなかった場合は、将来に向かって効力を失うという規定になっていたのです。それすらない。

九九条三項の中には「緊急事態の宣言が発せられた場合には、何人も、法律の定めるところにより、当該宣言に係る事態において国民の生命、身体及び財産を守るために行われる措置に関して発せられる国その他公の機関の指示に従わなければならない」とあります。

こうなるともう戒厳令ですね。しかも戻って九八条三項には「百日を超えて緊急事態の宣言を継続しようとするときは、百日を超えるごとに、事前に国会の承認を得なければならない」とあります。一〇〇日ごとに更新できる宣言なので、期間の制限がないも同然です。極端な話、緊急事態を宣言したら未来永劫続くかもしれないということです。

「公益と公の秩序」を強調する草案

このように自民党の改憲草案には国民の権利を制限する危険な条項があちこちにちりばめられています。いくつか挙げていきましょう。

一二条では「国民の責務」として「国民は（中略）自由及び権利には責任及び義務が伴うことを自覚し、常に公益及び公の秩序に反してはならない」と規定しています。二〇一三年（平成二五年）四月、私は安倍総理に「公益及び公の秩序とは何か」と国会で質問したことがありますが、「他人に迷惑をかけないことだ」と訳の分からない答弁が返ってきました。突き詰めて言えば「公益及び公の秩序に反してはならない」とは、「国策に協力せよ」ということではないでしょうか。

現憲法の条文では「常に公共の福祉のためにこれを利用する責任を負ふ」と書かれているだけなのです。国民が持つ自由と権利に対して、国が義務と公の秩序を持ち出すと大変なことになってしまうのは、国民が何も言えない時代の中で何が起きたのか、それを振り返れば明らかです。

表現の自由を保障した二一条も同じです。現憲法は「集会、結社及び言論、出版その他一切の表現の自由は、これを保障する」だけです。改憲草案ではこの条文に新しい項を設けて「前項の規定にかかわらず、公益及び公の秩序を害することを目的とした活動を行い、並びにそれを目的として結社をすることは、認められない」という文言を追加しました。

これはまるで戦前の治安維持法です。「公益及び公の秩序」を害すると国が判断したら集会も開けなくなるのです。グループをつくって集会や話し合いが自由にできなくなるのです。

司法権にも手を付ける草案

このような毒薬や劇薬はいたるところに仕込んであります。一条の「天皇」の項では象徴天皇は元首とし、三条では国旗と国歌を憲法の中に明記して「国旗・国歌法」を格上げして、国旗は日章旗、国歌は君が代と定めています。

二八条の「勤労者の団結権」では、その権利を認めつつも、「公務員については全体の奉仕者であることを鑑み、(中略)権利の全部又は一部を制限することができる」という文言を入れています。これでは労働基本権の回復なんて極めて困難になってしまいます。

憲法の改正については、これまでの衆参両議院の三分の二以上の賛成で改正の発議ができるものを過半数に引き下げています。過半数の議員を持つ政権党はいつだって発議ができてしまうのです。

裁判官の任期についても、現憲法では八〇条で「任期を十年」と規定していますが、草案では「法律の定める任期を限って任命」するとしているのです。政府のいうことを聞かない裁判官を殺すのに刃物は要らない、法律で任期を一年にすればいいということです。「法律の定める任期」とは、政権が勝手に任期を決められることで、非正規雇用の一年契約の裁判官が生まれる可能性も出てきます。「司法権の独立」は権力を集中させないための三権分立の大切な要件ですが、その法の番人とも呼ばれる裁判官の首根っこをつかむような条文を盛り込んでいるのです。

現憲法の九九条は「憲法尊重擁護義務」が書かれています。そこでは「天皇又は摂政及び国務大臣、国会議員、裁判官その他の公務員は、この憲法を尊重し擁護する義務を負ふ」と規定しています。誰が憲法を守らなくてはいけないか。総理大臣、あなたでしょう、ということです。権力者が憲法を守らなくてはいけない立憲主義を明確に示している条項です。その九九条を改憲草案では「全て国民は、この憲法を尊重しなければならない」としているのです。国民に憲法を守らせようとしているのです。権力者を縛るべき憲法で国民を縛るのが自民党の改憲草案なのです。私のお話の冒頭、「国家と個人の関係を一八〇度ひっくり返して、国家が個人に命令する、義務を課す内容になっている」と話しましたが、まさにこの条項がそれを表しています。

自民党の「改憲草案Q＆A」では天賦人権論に立っていないと言いましたが、基本的人権が嫌いな自民党らしく現憲法九七条にある「基本的人権の本質」はばっさりとすべて削除しています。

九七条には「この憲法が日本国民に保障する基本的人権は、人類の多年にわたる自由獲得の努力の成果であつて、これらの権利は、過去幾多の試錬に堪へ、現在及び将来の国民に対し、侵すことのできない永久の権利として信託されたものである」と書かれています。

自民党の皆さんは、人間は生まれながらにして自由と平等があり、幸福を追求する権利を持っているという天賦人権論が、本当に嫌いなのですね。安倍総理は「一一条に基本的人権の規定があるからいらない」と言っています。人間が生まれながらにして持つ普遍的な価値を認めたくない表れでしょう。

憲法審査会を改憲の場にしない

では今後、どのような形で憲法改正の議論が進んでいくのか、そこを見ていきましょう。まず衆参両議院で憲法審査会が動き出します。九月からの臨時国会で両議院の憲法審査会が開かれました。私はこの憲法審査会がまさに憲法改正のための環境づくりに使われるのではないかと危惧しています。審査会を憲法改正の単なる土俵にしてはならない。だから審査会の中で改正論議をさせないことが大切になってきます。

憲法審査会は、国会法で二つ任務があると規定されています。一つ目は憲法に関する調査で、二つ目が憲法改正原案づくりです。だとすれば、まずは憲法のための調査をすべきなのです。

安保関連法いわゆる戦争法は、憲法違反ではないか。これまでの集団的自衛権は行使できないという政府見解をねじ曲げてつくった安保関連法が、日本国憲法に合致するかどうかという議論こそ憲法審査会でやるべきだという論陣を張っていこうと思っています。ただ、自民党などが審査会の外で水面下で意見をすり合わせて審査会に憲法改正原案を提出し、多数決をとることも想定されます。

民進党の議員とも同じ方向でいこうと話し合っています。憲法が憲法でなくなったら、国会は何に基づいて法律をつくるのでしょうか。裁判所は何に基づいて裁くのでしょうか。行政府は何に基づいて判断し行動するのでしょうか。私は参議院の憲法審査会のメンバーなので、憲法審査会をウォッチします。皆さんの応援をぜひよろしくお願いします。

生前退位も合区も改憲へつなげる

最近は、天皇が生前退位をにじませるお言葉を述べたら、すぐさま憲法改正が必要だと主張したメディアもありました。安倍総理と同じ思考で、憲法を変えられれば何でもいいという思考です。すべての道は憲法を変えることにつなげる、すべての事柄を憲法改正に利用したいのです。

でも今の天皇のお気持ちを考えれば、憲法改正ではなくて皇室典範の改正でしょう。特別措置法ではないでしょう。自民党の皆さんは「天皇を戴く国家」「天皇は、日本国の元首」と言う割には、天皇のお気持ちをまったく大事にしない、尊重していないのです。

二〇一六年七月の参議院選挙では、議員定数の不均衡を解消するために高知と徳島、島根と鳥取の二選挙区が合区になりました。人口が減っている過疎地域の議員は、自分の選挙区が合区になってしまうのではと本当に心配しています。そして合区を解消するために憲法改正をしようと言い始めています。

どうするかというと、法の下の平等をうたった一四条はそのままにして、参議院は都道府県の代表にしようとするのです。アメリカの上院議員が州を代表するように、参議院を人口比ではなくて県の代表として選ぶ。地域振興、地方分権の観点から言って、この方法がいいのではないかという感じになっています。

天皇の生前退位にしても参議院の合区問題にしても、国民が憲法改正に向けて同意してくれれば何でもいいのです。どこかで憲法に風穴を開けられればいいのです。憲法を改悪するための材料をいろいろと考えて、変えられるベストのタイミングを狙っているのでしょう。

私が最も警戒しているのは、実際に国民投票が行われることになった時、四つの改憲項目を同時に並べることです。例えば「環境保全責務」「財政規律」「地方分権」「緊急事態条項」を一緒に国民投票にかける。項目ごとに一つひとつ投票することになりますが、○と×が混在して各項目の論点が分かりにくくなります。

まだ本当に実現されていない憲法の精神

そもそも憲法改正の必要はないと考えています。私は逆に今の憲法に一体どんな問題があるのかを、改憲を進めたがっている議員の皆さんにお聞きしたい。前にも挙げた一三条の「幸福追求権」、二一条の「表現の自由」、二四条の「家族における個人の尊厳と両性の本質的な平等」、そして二五条の「生存権」などは、現代の日本社会でまだ本当に実現されていないのです。憲法を変えるのではなく、憲法を日々の生活の中で、毎日の暮らしの中で生かしていくことにもっと力を入れるべきなのです。

憲法の問題は日常生活から遠いと思われがちです。でも一〇月の新潟県知事選挙で野党が推した米山隆一さんが勝ったことを考えれば、県民の方々が東京電力の柏崎刈羽原発の再稼働は自分たちの生活につながる非常にシビアな問題だと肌で感じたからでしょう。

昨日は青森・六ヶ所村の核燃料再処理工場（核燃料サイクル基地）を訪れました。ここには何度も足を運んでいますが、再処理工場には北海道電力の泊原発を含む全国の原発で使い終えた高レベル放射性廃棄物（核のごみ）を貯蔵する巨大なプールがあります。国はこの核のごみを処分する「科学的に有望な」最終処分地に適した場所を選定する方針を示しています。

そうすると、この高レベルな放射性廃棄物を他に移す、移動させることになります。だとするとこの危険な核のごみを遠くに運ぶよりは近くがいいと考えるでしょう。危険物を移動させるリスクを少しでも減らしたい。とすると、私は北海道が処分地として最優先に狙われるのではないかと思っています。とりわけ六ケ所村から近く、人口の少ない沿岸部が危ないと見ています。

北海道は泊原発の再稼働問題、函館市の対岸で建設中のプルトニウムとウランの混合酸化物（ＭＯＸ）燃料を使う大間原発問題に加え、高レベル放射性廃棄物の処分場がこれからの大きな問題になるでしょう。

幌延町にある処分技術の研究施設「幌延深地層研究センター」は町と道の間で最終処分地にしないという条例を結んでいるので、幌延が処分地候補にはならないのでしょうが、それ以外の北海道の地域はどうなるか分からないのです。北海道の皆さんとは、「北海道の大地を高レベル放射性廃棄物の処分場に絶対にしない」と、一緒に力強く取り組んでいきたいと思っています。

原発は日々の生活を脅かすことから「生存権」を侵害します。暮らしの中から憲法をもう一度見つめ直してほしいのです。「安保関連法に反対するママの会」が「だれの　子どもも　ころさせない」と南スーダンの駆けつけ警護に反対していますが、憲法問題は身近な生活につながっているということを、これからも強く訴えていきたいと思います。

（二〇一六年一一月一二日）

おわりに

日米「軍事」同盟に希望はない、希望は日本国憲法

軍隊は国民を守らない

「日本が外国から攻められた時、軍隊があれば国民の生命と財産を守ってくれる」。そう思っている人も少なからずいるでしょう。「自衛隊の組織を変えて軍隊にすれば、日本の国民はより安全に暮らせる」。日本を取り巻く国際情勢を見れば、そう考える人がいてもおかしくはありません。

しかし軍事専門家や自衛隊幹部の考えは違います。軍隊が武力を使って守るのは国民ではないのです。なぜなら国民の生命、財産、そして安全な暮らしを守るのが軍隊の任務ではないからです。

航空自衛隊に在籍していた軍事評論家の潮匡人氏は著書『常識としての軍事学』の中で、「軍隊は何を守るかと言い換えるなら、その答えは国民の生命・財産ではありません。それらを守るのは警察や消防の仕事であって、軍隊の『本来任務』ではないのです。ならば、軍隊が守るものとは何なのか。それは『国家目標』の上位にあるもの。国家目標という言葉がしっくりこなければ国家にとって『至上の価値』と言い換えてもよいでしょう」（中公新書ラクレ、二〇〇五年）と述べています。

元統合幕僚会議議長だった人物も「政治家やマスコミには、自衛隊は国民の生命を守るものだと誤解している人が多い。武装集団の自衛隊の任務は国の独立と平和を守ることで、国民の生命と財産を守るのは、警察の仕事だ」と断言しています。

第二次世界大戦での沖縄戦を見れば、それは明らかです。日本軍は任務遂行のために一般の沖縄県民を巻き込んだ市街戦を繰り広げ、県民の四人に一人の民間人が戦火で命を落としました。沖縄戦は北海道民とも大きな関わりがあります。本土防衛の最前線となった沖縄には県外から多くの兵士が送り込まれました。県出身の戦没者が一二万人以上に対し、県外出身兵は六万六〇〇〇人でそのうち北海道出身者は一万人にものぼるのです。北海道出

身者が本土防衛のために多くの命を落としたのです。ここにも沖縄同様、本土（内地）による外地・北海道に対する植民地支配の構図が見て取れます。

自民党が二〇一二年に発表した改憲草案の中に、今の自衛隊を変えて「国防軍を保持する」と明記されています。その目的を「我が国の独立並びに国及び国民の安全を確保するため」としています。ここに「国民の安全」も書かれてはいますが、「国の独立と国の安全」の確保が優先されています。潮氏の発言を考えれば、国民をだますために「国民の安全」をとって付けたとさえ思えてきます。

本書でも三氏が指摘していますが、現憲法の前文の主語は「日本国民」ですが、改憲草案の前文の主語は「日本国」となっています。ひとたび戦争が始まれば、日本国を守るために国民が戦うことになります。その戦いは子どもや家族、故郷を守るためではなく、「国家にとって『至上の価値』」のために戦うことになるのです。

福島さんが話されているように、その国の軍隊が自国民に銃口を向けるのは珍しくありません。沖縄戦がそうであったように、軍隊は任務遂行のためには国民の命は守らないことを、私たちは自覚しなければなりません。

希望は憲法

アメリカのトランプ大統領は日本へ在日アメリカ軍基地の経費負担増を求めています。それに呼応するかのように安倍首相は防衛力増強を打ち出しています。二〇一七年度予算も防衛費が初めて五兆円を超えました。軍事力が抑止力につながる——そう妄信する似たもの同士が手を結ぶ日米「軍事」同盟に希望はありません。

安倍首相はじめ国会議員の九割が戦争体験のない世代です。戦後生まれの日本の指導者たちに、戦争を起こさせないための防御装置が日本国憲法であり、第九条なのです。軍事の力に頼ると、結局は軍事の増強につながり軍拡への道を進むことになります。

希望はこの本の中で徳永さん、紙さん、福島さんが静かにそして熱く語る言葉の中にあります。三氏は日本国憲法の一つひとつの条文の中に、希望を見出しています。どのページを開いても憲法を守り育てていこう、その希望を次世代にバトンタッチしていこうという意志が伝わってきます。

昨年秋の臨時国会会期中にもかかわらず、私たちが開いた学習会の講師を快く引き受けてくださった三氏に心から感謝申し上げます。また内容を細かく校閲・校正してくれました増井潤一郎さん、出版の機会を与えてくれました寿郎社の土肥寿郎社長にもお礼申し上げます。

「親子で憲法を学ぶ札幌の会」共同代表　安川誠二

徳永《とくなが》エリ（民進党参議院議員）
1962年、札幌市生まれ、法政大学法学部法律学科（通信教育課程）中退。テレビリポーターなどを経て、2010年参議院議員選挙北海道選挙区で初当選、2016年７月に再選され現在２期目。農林水産委員会理事、沖縄北方問題特別委員会委員、憲法審査会委員。

紙智子《かみともこ》（共産党参議院議員）
1955年、札幌市生まれ、北海道女子短期大学工芸美術科卒業。2001年７月参議院議員選挙比例代表で初当選、2013年７月に再選され現在３期目。農林水産委員会理事、沖縄北方問題特別委員会委員、東日本大震災復興特別委員会理事など。

福島《ふくしま》みずほ（社民党参議院議員）
1955年、宮崎県生まれ、東京大学法学部卒業。弁護士を経て1998年７月参議院選挙比例代表で初当選し、2016年７月に再選され現在4期目。憲法審査会委員。2003～2013年社民党党首、2009～2010年内閣府特命担当大臣（男女共同参画等）を歴任。

親子で憲法を学ぶ札幌の会（略称・おやけん）
安倍政権が集団的自衛権を行使できるようにと動き出した2014年３月、札幌やその近郊で小学生や幼児の子を持つ親たちが「戦争のない社会を守り育てたい」との思いから、ゆるやかに結成した会。これまで元裁判官である高橋幸一氏の３回連続の講座や広島の原爆被爆者の話を聞く会、山田正彦元農水大臣を招いたＴＰＰ学習会などを開いてきた。高橋氏の講座をベースとした『ダメなものはダメと言える《憲法力》を身につける』（寿郎社）を刊行している。会の連絡先は north3898@yahoo.co.jp

寿郎社ブックレット2

北海道《ほっかいどう》からトランプ的安倍《あべ》〈強権《きょうけん》〉政治《せいじ》にNO《ノー》と言《い》う

発　行　2017年2月15日初版第1刷

著　者　徳永エリ・紙智子・福島みずほ

編　者　親子で憲法を学ぶ札幌の会

発行者　土肥寿郎

発行所　有限会社 寿郎社
〒060-0807 札幌市北区北7条西2丁目37山京ビル
電話 011-708-8565　FAX 011-708-8566
e-mail doi@jurousha.com　URL http://www.jurousha.com

印刷・製本　モリモト印刷株式会社
ISBN 978-4-902269-95-6 C0036